「ESDでひらく未来」シリーズ

持続可能な地域と学校のための
学習社会文化論

降旗信一 編著

学文社

〈執筆者〉

降旗　信一	東京農工大学	［序章・第3章4］
高田　研	都留文科大学	［第1章］
神長　唯	四日市大学	［第2章］
佐々木豊志	青森大学	［第3章1〜3・5］
高雄　綾子	フェリス女学院大学	［第4章］
萩原　豪	高崎商科大学	［第5章］
遠藤　晃	南九州大学	［第6章］
野村　卓	北海道教育大学	［第7章］
中澤　朋代	松本大学	［第8章］
斉藤　雅洋	高知大学	［第9章］
二ノ宮リムさち	東海大学	［第10章］

目　次

序　章　持続可能な地域と学校のための学習社会へ ───── 1
　　　　　──本書のねらいと構成──
- 序-1　地域と学校をめぐる現状と課題──持続不可能な「地域」と「学校」　1
- 序-2　私たち一人ひとりには何ができるのか──学びと教育の革新　3
- 序-3　「学校」の見方を変えよう──「学校支援地域」から「地域支援学校」へ　5
- 序-4　地域と学校をつなぐファシリテーターとは　7
　　　　──社会に開かれた教育課程の開発とアクティブ・ラーニング
- 序-5　このテキストの構成　8

第1章　災害支援で育つ若者たち──東北から広島，そして熊本へ── ───── 10
- 1-1　岩手県の小学校復興教育副読本の教材になったみっちゃん　10
- 1-2　止まらない若者たちのこころ　12
- 1-3　活動の転換　14
- 1-4　聞き書き　15
- 1-5　広島で生かされた経験　17
- 1-6　熊本に引き継がれた経験　20

第2章　「四日市公害と環境未来館」を「学びの場」に──四日市大学の取り組み── ── 22
- 2-1　教科書では語られない四日市公害　22
- 2-2　「四日市公害と環境未来館」の誕生　25
- 2-3　大学生にとっての「学びの場」としての公害資料館　30
- 2-4　「地域を先生に，地域を教室に」──四日市大学の挑戦　31
- 2-5　四日市公害の経験から学ぶ「持続可能な地域と学校」　33

第3章　地域と学校がともに生きる力を育む自然学校という新たな挑戦 ── 36
- 3-1　自然学校の学び──生きる力を育む自然体験　36
- 3-2　自然学校の社会的使命と課題解決プロセス　39
- 3-3　災害時の地域のおける自然学校の役割　41

i

| 3-4 | 学校教育との連携　43 |
| 3-5 | ともに「生きる力」を育むために―課題と展望　43 |

第4章　地域と学校をつなぐESD実践における学外人材の必要性 ── 46
―ドイツの「ESDマルチプリケーター」と「持続可能な生徒企業」の事例から―

4-1	学外人材「ESDマルチプリケーター」養成プログラム　46
4-2	持続可能性と地域循環経済を追求する「持続可能な生徒企業」プロジェクト　49
4-3	学外の「ESDマルチプリケーター」による「持続可能な生徒企業」　51
4-4	学外人材としてのマルチプリケーターの今後の展望　54

第5章　ESDの手法から考える「地域資源」 ── 57
―「観光まちづくり」への活用をめざして―

5-1	持続可能な観光まちづくり　58
5-2	沖永良部島におけるESD実践　60
5-3	授業から派生した実践活動　64
5-4	ESDによる観光まちづくりの展開　71

第6章　総合的な学習の時間とESD―科学的思考で未来を切り拓く― ── 75

6-1	総合的な学習の時間とESD　75
6-2	どうしてゴミを拾うのか　77
6-3	学びの動機づけ　78
6-4	探究プロセスと学び―沖縄の小学校における科学的なプロセスを重視したケラマジカ研究　80
6-5	教えること・教えないこと―知識を使う楽しさ　82
6-6	学校が地域を紡ぎ直す―地域特有のストーリーを創造する　85
6-7	学校と外部の接点での「想い」の制御―対話による創造　86

第7章　農業体験・栽培体験を指導するチカラ ── 89

7-1	学習指導要領と農業体験・栽培体験とのかかわりを理解する　89
7-2	作物（植物）を育てるための基礎知識を習得する　92
7-3	学校教育で多様な教科に横断するための土台として学習指導要領理解　94
7-4	"農"の体験を通した学校と地域の持続的な連携と農業技術　96

第8章　学校を基軸とした地域のESD推進とその課題 ——— 101

- **8-1**　長野県という地域と公立学校　101
- **8-2**　事例：マッチング組織「中信地区環境教育ネットワーク」の存在　104
- **8-3**　学校では地域の学習はどこで扱うか　106
- **8-4**　課題解決型学習のむずかしさと楽しさ　108
- **8-5**　持続可能な地域に，地域住民は教師の力を借りている　109
- **8-6**　対話のための10か条—学校と地域の共通語を意識しよう　110

第9章　地域参加から学校支援へ ——— 112
—あるコーディネーターのライフストーリー—

- **9-1**　子育ての経験　113
- **9-2**　転機となった地域子ども教室コーディネーター　114
- **9-3**　NPO法人風・波デザインとの出会い　117
- **9-4**　NPO法人ゆう・もあ・ねっとの設立　120
- **9-5**　人生を豊かにしていく可能性を秘めたコーディネーター　122

第10章　大学と持続可能な地域づくり ——— 125
—大学による地域貢献・連携の進展—

- **10-1**　持続可能な地域づくりにおける大学への期待　125
- **10-2**　大学をとりまく社会の変化　127
- **10-3**　大学による持続可能な地域づくりへの参画形態　130
- **10-4**　大学による地域づくりへの参画に関する具体的事例：東海大学の取り組み　132
- **10-5**　これからの大学と地域—4つのキーワードからみる課題と展望　137

あとがき—ESDでひらく未来　141

関連資料　143

索　引　149

序　章
持続可能な地域と学校のための学習社会へ
―本書のねらいと構成―

　本書を手にとったあなたは，今，どのような気持ちでこの本を眺めているだろうか。すべての教育的働きかけがそうであるように本書もまた，読者であるあなたに「変化」を期待している。しかし，どう「変化」するかはあなた次第である。本書は，あなた自身の「変わりたい」というその直観や気持ちを現実の日常に結びつけていくためのきっかけ（ツール）にすぎない。今ただちに「自分はこう変わりたい」という明確な方向が見えなくてもまったくかまわない。ただ，本書からあなた自身の未来に向けた何らかのヒントや示唆が1つでも得られたら本書はあなたにとって意味のあるものとなるだろう。

　本書のキーワードは4つある。まず「持続不可能な地域と学校」という現状への理解，続いてその現状の課題を打破するための手がかりとしての「学びと教育の革新」，そして従来の学校への見方を変革する「地域支援学校」という新たな視点，さらにそうした変化に向けての重要な役割を担う「ファシリテーター」である。序章では，これらのキーワードを説明したうえで，本書がどのような意図とねらいで作成されているのかを本書の構成とともに示したい。

序-1　地域と学校をめぐる現状と課題―持続不可能な「地域」と「学校」

　「教育」や「学び」をテーマとしたテキストは，教員免許状取得のための課程（教職課程）の授業での使用を念頭におき作成されることが多いが，本書は教職課程の履修をしていない読者も念頭においている（潜在的読者数という意味ではむしろ教職履修者以外の学生・社会人を読者として念頭においているといってもよい）。本書には教員ではない立場で活躍するファシリテーター（学びの支

援者）が随所に登場する。教員も地域でさまざまに活躍する学びの支援者もそれぞれ独自の専門性を有しているが，学び手（子どもや大人）の学びを支援するという点では両者の原点は同じである。両者の役割にちがいがあるとすれば，地域と学校の双方で総合的に行われる学びの支援のため，教員は主に学校内での活動に責任を有し，地域の学びの支援者はそれぞれの地域（施設・団体を含む）での活動に責任を有する立場という点である。そしてこの両者がお互いの強みを生かし，弱みを補いあうことが「持続可能な地域と学校」を実現・発展させていくために必要といえる。

さて，本書の第一のキーワードである「持続不可能な地域と学校」とはどういうことだろうか。端的にいえば，このキーワードの背景となる問題意識は，このままの状態を放置していると「地域」も「学校」も持続しえないということである。具体的に説明していこう。

まず「地域」である。「地域」に相当する英語は region, community, local などさまざまだが，ひとまず place（場）として考えよう。場とは地理的空間のことだが，「居場所」のように関係性を表す意味でも使われる。私たち人類が暮らしてきた地理的空間にはもともと森林や台地や河川といった自然環境条件が備わっており，その条件に適応しながら，自然環境とのつながり（関係性）のなかで人類は共同体（地域）を形成してきた。狩猟採取中心の移住型生活からやがて農業が発明され定住生活がはじまると生産物が富（財産）として蓄積されるようになった。やがて貨幣が発明され，その富（財産）を交換・流通させる市場が生まれ，近代以降の工業化の発展を経て，その市場は今日，グローバル資本として各国家独自の，あるいは国家間連携によるコントロールもときには不可能となるほどの巨大な存在になりつつある。こうしたグローバリゼーションの影響を受け，少子高齢化・人口減少社会化ともあいまって，今日では多数の地域が数十年後に「消滅」するとの予測もなされている。このままでは，そうした変化と連動して私たちがこれまで大切に培ってきた健康で平和な暮らし，そしてその基盤となってきた私たちの人間性とで文化が大きく損なわれ，破壊される危険が高まっている。こうした兆候は，実は社会の縮図ともいえる

「学校」でもすでに現れている。不登校児童・生徒数（30日以上欠席者）の数が10万人を超えたことが話題になったのは2003（平成15）年だが，今日の小・中学校における，不登校児童・生徒数は12万2297人（平成26年度「児童生徒の問題行動等生徒指導上の諸問題に関する調査」について）であり，少子化により児童・生徒の総数が急減しているにもかかわらず不登校者数はなお10万人を超えている。その児童・生徒を助け支える立場の教員についても精神疾患を患う教員の増加や労働時間の長時間化により，「教員は持続不可能（石川一喜）」との指摘もなされている。このように今日，地域も学校も持続不可能性に直面している。本書が提起する「持続可能な地域と学校」とは，こうした持続不可能性を克服し，私たちがこれまで培ってきた健康で平和な暮らし，そしてその基盤となってきた私たちの人間性とで文化をさらに発展させていける場（私たちの居場所）とその学びの支援の拠点である。

序-2　私たち一人ひとりには何ができるのか──学びと教育の革新

では，現状の持続不可能性に対して私たち一人ひとりには何ができるのだろうか。ここで第二のキーワードである「学びと教育の革新」の必要性を提起したい。人間がある目的をもって意識的に自分自身を変化させようとする際，その人間の行為を私たちは「学び」と呼び，さらに社会やほかの人間が，何かを学ぼうとする人間に対してその目的が達成されるように働きかける行為を私たちは「教育」と呼ぶ。なぜ「学びと教育の革新」が必要なのか。それは，前述のような「持続不可能性」という問題を生み出した原因は人間自身にあり，その「人間」はこれまでの学びや教育によって生み出されてきたと考えられるからである。つまり問題を解決するには人間自身が変わる必要があり，そのためには学びや教育のあり方を革新する必要がある。では，学びや教育について，これまでの何をどう変えていく必要があるのだろうか。

ここでは「内容」と「方法」の2つの点から考えてみよう。まず，「内容」について，前述のように「学び」とは「人間がある目的をもって意識的に自分自身を変化させる行為」なのだから，学びの内容を決めるのは本来，その学び

手自身でなければならない。「社会やほかの人間が、何かを学ぼうとする人間にその目的が達成されるように働きかける」教育という営みも、まずは学び手自身の「学びたい」という意欲がなければ成立しえないものである。読者の皆さんは自分の意思や欲求とは別の「経済的成功のため」「よい学校に進学するため」など自分ではない誰かのために学びを（それが各家庭において子どもの将来の幸せを願う両親や教師らの善意に支えられているものだとしても）「させられている」「させられてきた」ということはないだろうか。たとえば学習指導要領（小学校から高等学校までの学校教育で実施すべきと定められる教育内容で各国にこのような教育に関するナショナルカリキュラムが存在している。日本ではほぼ10年に一度のペースで改訂がされている）は、日本全国どこにいっても同じ内容である。これは国家としての最低限の教育水準を維持するためなのだが、見方を変えれば学び手には本来それぞれ「学びたい」と考える内容があるにもかかわらず、学習指導要領（およびそれにそって作成されている現行の教科書）ではそこまでの個別で多様な学びの要求に対応できない仕組みになっている。子どもたちに社会の将来の成員となるための必要最低限の学習内容のガイドラインとして、学習指導要領のような基準は確かに必要である。その一方、現状の課題を乗り越えるためには、一人ひとりの学びの内容が、もっと個人や地域の個別で多様な課題に応じたものとして組み替えていけるようにしなければならない。より具体的には学び手の居場所としての「（環境や災害や地域再生の問題を含めた）地域」そのものを学びの内容として焦点化させていくことが重要であろう。

　つぎに、学びや教育の「方法」について考えてみよう。近年、大きく変化しつつあるのが ICT（Information and Communication Technology＝情報通信技術）の変化である。地域により機器の普及にばらつきがあるもののビデオプロジェクターを使用してインターネット上のウェブサイトを学び手に見せる教員や学びの支援者の姿は今や日常的な光景となった。児童・生徒一人ひとりにタブレット端末がわたされ、各自がインターネットにつながった状態で学びを行う時代も遠からず訪れるだろう。この ICT の変化は「知識・情報をもっている教師から知識をもっていない学び手への知識の伝達」という従来の学びと教育

の方法を,「知識・情報をインターネットから吸収する学び手とそれを援助する教師・支援者」へと,根底から覆す可能性を有している。つまりここでも学び手が学びの中心であり主体となる。

ICTの普及によりもたらされるもう1つの変化は,「体験的な（生活世界の）知」の重要性がこれまで以上に増すことである。文字や画像・音声・映像など電気信号に変換できる情報の多くがインターネット経由で伝達することができるようになると,逆にそうした方法では伝えること,共有することができない現実に直面する人々の暮らしの営みや自然の息づかい,災害現場のリアリティといった,あらかじめ何らかの意図をもって編集・分断されていない生のままの知がより一層重要なリアリティをもつようになってくるだろう。

序-3　「学校」の見方を変えよう──「学校支援地域」から「地域支援学校」へ

学びや教育の革新を考えるうえで,「学校」の存在をどのようにみるかも重要である。そこで本書の第三のキーワードとして,これまでの「学校」の見方を変える「地域支援学校」を取り上げたい。

「地域と学校」をめぐってこれまでどのような議論がなされてきたのだろうか。戦後教育学の歴史のなかでは人間の発達と学びの営みを環境との相互作用としてとらえようという立場での議論がなされてきた。そうした立場からみると,子どもや住民・市民にとっての学びの場は地域であり,学校は,その地域での学びを支援するための「地域を支援するための学校」,つまり「地域支援学校」である。このような考え方は,戦後の教育改革期,地域の自治と住民の参加,社会科を中心とした問題解決学習など,教師が地域住民とともに学校づくりを進める「地域教育計画」が各地で試みられたし,1950年代には山形県の中学校教師であった無着成恭の生活綴方実践記録「山びこ学校」や兵庫県の小学校教師であった東井義雄の「村を育てる学力」といった実践記録が刊行され反響を呼んだ。高度経済成長期に入ると,公害の実態調査を中心とする公害学習運動が各地に広がった。教師や専門家がその地域の住民とともに学習会や調査が行われ,公害被害から暮らしを守るための学びが組織された。その1つ

であった沼津・三島コンビナート建設反対運動では，沼津工業高等学校の4人の教員が住民の学習会の講師となり，調査では高校生の協力を得て風向についてのデータ収集を行った。沼津の教師たちは，コンビナート阻止闘争で校外での積極的な行動を果たすと同時に校内の仕事への責任を従前にもまして自分たちに課した。工業化学の教師は，原料から製品をつくりだす工程を人間ぬきで教えていることを反省し，それまでの教育では，化学反応を利用して働いている労働者の労働環境，化学反応が工場周辺の地域社会に及ぼす影響についての学びが完全に欠落し，そのために人間不在の産業教育を行っていたという反省がするどく行われたという。

　このような戦後教育における「地域での学びを支援するための学校（地域支援学校）」という原則は，1950年代の教育委員会法の廃止とそれに伴う教育委員の公選制の廃止，高度経済成長に即応する人材の育成に向けた学力至上主義などの流れのなかで，次第に衰退していく。やがてグローバリゼーションの急速な拡大への対処としての「大競争時代を勝ち抜ける子どもを育てること」を旨とした新自由主義的教育改革の流れを背景として，学校希望制度（学区制の廃止）のような学校地域間競争が展開されるなか，この「学校を支援するための地域」という「学校支援地域」という見方が広がってきた。つまりは，地域と学校の関係が逆転してしまったのである。

　だが「学校を支援する地域」という学校支援地域というだけでは地域は一方的に疲弊していく。すでに1965（昭和40）年の時点で東井が指摘したとおり学校支援地域という発想のもとでは「村を捨てる学力」だけが向上するのである。そうした地域のなかには「消滅」の可能性も現実の問題となってきた（日本創生会議，人口減少問題研究会2014）。

　こうしたなか，2015（平成27）年，中央教育審議会は文部科学大臣に対し3つの答申を行った。その教育改革の理念は，「未来を創り出す子供たちの成長のために，学校のみならず，地域住民や保護者等も含め，国民一人一人が教育の当事者となり，社会総掛かりでの教育の実現を図るということであり，そのことを通じ，新たな地域社会を創り出し，生涯学習社会の実現を果たしていくと

いうこと」と説明されている。「地域とともにある学校」「社会に開かれた教育課程」「チーム学校の創設」「地域学校協働本部事業の展開」が鍵となり，学校と地域社会とが対等な関係で連携協働することが求められている。子どもたちの成長を軸に，学校を核としながらも，地域を支える担い手たちが「学び」を通して，子どもたちの人生を豊かにし，新しい社会の基盤を形成すること，それらの営みすべてが「社会教育」として展開されることが求められている。

序-4 地域と学校をつなぐファシリテーターとは
―社会に開かれた教育課程の開発とアクティブ・ラーニング

　これまで説明してきた「持続不可能な地域と学校」「学びと教育の革新」「地域支援学校」に続く，本書の第四のキーワードは「ファシリテーター（学びの支援者）」である。

　中野民夫は，ファシリテーターを次のように定義している。

> ファシリテーターは教えない。「先生」ではないし，上に立って命令する「指導者」でもない。その代わりにファシリテーターは，支援し，促進する。場をつくり，つなぎ，取り持つ。そそのかし，引き出し，待つ。共に在り，問いかけ，まとめる。（中略）ファシリテーターは，「支援者」であり，新しい誕生を助ける「助産師」の役割を担うのだ。

　「持続不可能な地域と学校」という現状を変え，「学びと教育の革新」を行い，「地域支援学校」へと地域と学校の新たな関係を築いていくために，こうしたファシリテーターが地域にも学校にも必要である。ファシリテーターが学校と地域をつなぐためには，本来，地域の個別で多様な動機によって始まる「学び」が学校の教育活動としても十分に位置づけられる必要がある。そこで「地域と学校をつなぐファシリテーターの役割」として，2015（平成27）年12月の中教審三答申のなかでも示されている「社会に開かれた教育課程＝社会の変化に向け，教育が普遍的に目指す根幹を堅持しつつ，社会の変化を柔軟に受け止めていく教育課程」の開発が重要となってくる。つまり学習指導要領（エッ

センスを巻末資料として掲載）の枠組みを維持しつつ，そのなかで，地域の個別的で多様な持続不可能性にかかわる諸問題にかかわる学びをどう組織的に発展させていくかが重要な役割となるのである。

　このことに関連して，現在の次期学習指導要領の改訂作業のなかで「アクティブ・ラーニング」が議論されていることにもふれておきたい。文部科学省はアクティブ・ラーニングについて，「課題の発見から解決に向けて主体的・協働的に学ぶ学習」と説明しているが，アクティブ（＝能動的）な学習がすべて当てはまるので，さまざまなアクティブ・ラーニングがありうる。アクティブ・ラーニングの手法開発には，それぞれの教師自身が，新たな課題を同僚やほかの学校の同じ教科の教師，さらに地域の学びの支援者たちと協働的に解決していく主体，すなわち教師自身が自らの学びに正面から向き合わなければならない。

　社会に開かれた教育課程を展開するために，「習得・活用・探究という学習プロセスの中で，問題発見・解決を念頭に置いた深い学びの過程が実現できているかどうか」「他者との協働や外界との相互作用を通じて，自らの考えを広げ深める，対話的な学びの過程が実現できているかどうか」「子供たちが見通しを持って粘り強く取り組み，自らの学習活動を振り返って次につなげる，主体的な学びの過程が実現できているかどうか」（中央教育審議会 2015b）といったアクティブラーニング・ファシリテーターとしての資質・力量が教師と地域の学びの支援者の双方に求められるのである。

序-5　このテキストの構成

　これまで述べたような問題意識をもとに本書では，日本国内外から10の実践事例を取り上げた。第1章は，近年，その頻度や規模が増加している自然災害に焦点をあて，災害支援を通した学びにより若者（とりわけ教員志望の学生たち）がどのように成長しているのかが報告されている。第2章は，1960年代の高度成長期に起きた公害被害地域である四日市市でかつての公害の記憶を次の世代に伝えつつ，新たな時代の学びを生み出そうとする四日市大学の事例である。第3章は，自然体験を通して「生きる力」を育もうとする自然学校が今

日，各地域でその役割を増していることや学校と連携しながら新たな学びを生み出していることを報告する。災害や環境を主題とした第1～3章に対し，第4章と第5章はいずれも雇用・地域経済にかかわる学びである。第4章ではドイツの「持続可能な生徒企業」の事例，第5章では「観光まちづくり」の事例がそれぞれ報告されている。いっぽう持続不可能な「地域」と「学校」の現状を変えていこうとする際，ファシリテーターには専門性が求められる。第6章と第7章は，その専門性について考えるヒントを提供してくれるだろう。第6章では，生態学の専門家である筆者が学校支援活動を通してもう1つの（ファシリテーターとしての）専門性に気づいていくプロセスが描かれる。第7章では，都市であれ農村であれ学校から期待されることの多い農業体験・栽培体験を扱うために農業の経験のないファシリテーターは何をどのように学べばよいのかが筆者の体験をもとに解説される。第8章はファシリテーター（ここでは「地域講師」）がどのように組織的に学校支援を行うのか，長野県松本市の事例が描かれる。今日，全国各地で同様の試みがなされており，第8章で示される学校と地域の連携の際の「共通語」や「心得」には共有されるべきものが多いだろう。第9章では，今日，学校や地域から期待されるファシリテーターの個人としての学びのプロセスが丁寧に描かれている。第10章は，第2章でもその役割が報告された大学の役割について政策的な位置づけも含めて論じられている。

読者のための参考文献

- 中央教育審議会答申「新しい時代の教育や地方創生の実現に向けた学校と地域の連携・協働の在り方と今後の推進方策について」2015年 a
- 中央教育審議会答申「チームとしての学校の在り方と今後の改善方策について」2015年 b
- 中央教育審議会答申「これからの学校教育を担う教員の資質能力の向上について～学び合い，高め合う教員養成コミュニティの構築に向けて～」2015年 c
- 降旗信一・小玉敏也編著／諏訪哲郎監修『持続可能な未来のための教職論』学文社，2016年
- 日本創成会議・人口減少問題検討分科会「成長を続ける21世紀のために『ストップ少子化・地方元気戦略』」日本創生会議・人口減少問題研究会，2014年，http://www.policycouncil.jp/pdf/prop03/prop03.pdf（2016.1.28最終確認）

第1章

災害支援で育つ若者たち
―東北から広島，そして熊本へ―

　2011（平成23）年3月12日，2人の卒業生が働くNPO法人都留環境フォーラムは被災地への支援物資の募集を決断し，18日から大学校舎の1階駐車場で全国から送られた物資の仕分けを始めた。連日30人余の学生が作業に参加し，20tの物資が北三陸の支援基地「遠野」に送られた。この学生たちのなかから災害支援サークルが誕生し，2年間でボランティアバスを10回出した。また教員と学生による「聞き書き」は3冊の報告書をまとめている。これらのボランティア体験を通してその後の人生を変えることになった人，また小学校教員となって防災教育の見直しにかかわる人たちがいる。5年を経て，現在の熊本災害支援につながる彼らの動きを振り返り，災害支援のもつ教育力について考えてみたい。

1-1　岩手県の小学校復興教育副読本の教材になったみっちゃん

>   「みっちゃんがきた」
> 　　　　　　　　　大槌町立赤浜小学校3年　黒澤香苗
> 　夏に，みっちゃんが，赤浜小に来ました。みっちゃんはみちさんという人で，大学生でした。その日，トラックで運ばれて来たおふろの手伝いにきたそうです。わたしも，けいすけ君と一緒に，おふろの手伝いをしました。おふろのおそうじをしたり，木やもえる物をもやすところにはこんだりしました。みっちゃんはお手伝いをしたごほうびに，足湯に入れてくれました。たくさん話もしました。とてもやさしいみっちゃんでした。
> （「わたしたちが今，思うこと～大槌の子どもたちの思いをつなぐ～」『心の温もり作文』第24号，2012年）

「みっちゃん」とは，本校（都留文科大学）の学生であった川崎倫さんのこと。4年生の彼女は支援物資の仕分けに参加。自分の卒業式にも出ずに作業をしていた。

卒業後，NPO法人都留環境フォーラムのスタッフに志願し，釜石支援プロジェクトにかかわり，5月の現地視察に同行した。

そのときに私たちの拠点である北海道のNPO法人「ねおす」ボランティアセンターに，北海道から大型トラックの荷台に木で沸かす風呂を据え付けた男性が訪ねてきた。彼は苫小牧からフェリーで仙台に上陸。沿岸の避難所を回り，避難者に風呂に入ってもらおうと試みるが，彼のぶっきらぼうな物言いのため，ことごとく断わられ続けて北上し，釜石までたどりついたところであった。彼はもうあきらめて，明日は青森からフェリーで帰るという。そこで，私たちとつながりのあった赤浜小学校避難所に提案して2日間のトラック風呂を開設することになった。このトラック風呂屋のお手伝いをしていた川崎は，ここで2人の少年少女と出会うことになる。

図1.1 『いきるかかわるそなえる』小学校低学年（岩手県教育委員会，2014年）

この話を掲載していた大学ブログが岩手県の復興教育副読本をつくっていた編集者の目に止まり，県下全域の子どもたちが学ぶ復興教育の教材として掲載されることになった（図1.1）。川崎は，この本が出された2014（平成26）年に故郷の高知県に戻り，その後，子どもたちの支援をしているNPO「虹の種」のスタッフとしてタイにある子ども支援施設で働いていた。彼女が小学3年生の心に残したものも大きかったが，それ以上に災害時のボランティア体験が彼

女の生き方に指針を与えた。

1-2　止まらない若者たちのこころ

　2011（平成23）年5月の連休になると，学生たちは被災地のボランティアセンターに個人で参加する。宮城県登米市に開設された南三陸支援を行うRQ市民災害救援センターでは本校の学生10名が活動した。この連休に被災地を見た学生たちを中心に組織化へ向けた動きが始まる。

　5月30日には災害ボランティアチーム「VS（バーサス）」が結成され，大学の登録サークルとして正式に活動を開始した。活動内容は，①現地への無料シャトルバスの運行，②装備の貸し出し，③大学への協力の呼びかけ，④今後のチームの発展次第で，独自のプロジェクトを企画であった。

　2011（平成23）年7～9月は，大学の夏休み期間を中心に学生の手で5回のボランティアバスを出している。彼らの強い思いに突き動かされた活動期であった。参加した学生たちは次のような感想を残している。

　　「瓦礫と云えどもかつては生活の一部として存在していたもの。泥にまみれた写真や年賀状やノートなどを見つける度に心が痛みました。途方にくれるような作業でしたが，みんなが少しずつでも力を合わせることで復興出来ると感じた一日でした。」（1年）

　　「つぶれたように見えたガソリンスタンドが，実は屋根もない中で元気に営業していたと知り，『30年ぶりに焼けたよ』と笑う真っ黒なお店の人に被災地の底力を見た…」（3年）

　　「被災者の人を第一に考えることの難しさ，自分のいるボランティアセンターと避難所との見えない壁があると感じた。接することのむずかしさ。また来たい」（1年）

　　「気丈にふるまう被災者の方に，逆に自分が励まされた。人間は強い生きものなんだなと感じた。…ボランティアで自分は成長できたし，もっとしっかりしていきたい。」（1年）

　凄惨な現地の状況のなかで泥だらけになって働きながら，そこから勇気や元

表1.1　ボランティアバスによる活動の一覧（2011〜2012年）

	日程	行き先	連携先	主催団体	学生	教員, 他	助成金	活動内容
1	6月3日〜7日	釜石	ねおす橋野	都留環境フォーラム	41	7	日本財団	釜石, 大槌小中幼児遊び支援, 瓦礫撤去, 大槌高校フリマ, あおぞらカフェ, 被災状況聴き取り調査など
2	7月1日〜3日	宮城	RQ登米	VS	25		日本財団	瓦礫処理
3	7月15日〜17日	宮城	RQ登米	VS	23		日本財団	写真クリーニング, 瓦礫撤去, こども遊び
4	8月7日〜12日	釜石	ねおす橋野	VS	9		日本財団	瓦礫撤去, 釜石復興祈願祭, 佐渡指揮者コンサートのお手伝い, こども遊び
5	8月21日〜26日	宮城	RQ登米	VS	8		日本財団	漂着物の撤去, 看板づくり等
6	9月8日〜15日	釜石	ねおす橋野	VS	12		ソロプチミスト／本学後援会	こども遊び, 大槌高校フリマ, 瓦礫撤去, 漁業手伝い
7	11月24日〜28日	釜石	ねおす橋野	VS	16		赤い羽根	現地で起業を試みるねおす現地スタッフによる災害ツーリズム実験ツアー
8	11月25日〜28日	遠野	遠野まごころネット	VS	22		赤い羽根	水路や海岸線沿いの道のがれき撤去
9	3月9日〜13日	釜石	ねおす橋野	VS	21		本学援助／社協等講演謝金	復興祈願祭「かまいし復興の祈り」にて都留からのイベント実施, 運営手伝い
10	9月25日〜29日	釜石	釜石東部漁協管内復興市民会議	VS	18	4	本学研究助成	釜石東部漁協管内復興市民会議からの依頼により, 7地区での被災についての聴き取り調査
				のべ人数	195	11		

出所：VS団体ブログより

気を汲み取って帰る前向きな感想が多く，再度の訪問を自分に誓う言葉も多くみられた。

1-3　活動の転換

2011（平成23）年11月になると，結成されたばかりの「三陸ひとつなぎ自然学校」が主催し，復興をツーリズムによって促進しようという試行が始まり学生が協力した。ホタテの養殖作業のボランティア活動のほか，震災に関する語り部の話，そして彼らが復興を手伝った旅館への宿泊など，観光としての側面も付加した初めての有料ツアーに16人の学生が参加している。並行して「遠野まごころねっと」が行う瓦礫撤去作業にも，VSは22名を送り込んでいる。

2012（平成24）年1月からは山梨県内での広報活動が盛んになる。学内ホールや都留市エコハウスでの写真展，活動報告会「100人が見た東北」の開催である。2月には新聞記事を読んだ県立高校からの依頼で，これからボランティアに行くという高校生たちに講演を行う。広報活動が新しいミッションの1つとなって自覚されていく。活動は『山梨日々新聞』でも紹介され，地元市民からの評価を受けることでモチベーションが継続している。

3月11日に被災地で予定される「かまいし復興の祈り」にVSも参加することを決定。彼らが企画する「想いの木」の制作に取り組む。それは市内各所で釜石の復興に向けて紙の葉っぱに市民からのメッセージを書いてもらい，模造紙に描かれた大きな木の枝に張り込んで作品にする製作活動であった。

> 「…私たち都留文科大学生は当事者と非当事者をつなぐのが役割であり使命であると思う。現に「想いの木」はそのためにつくられた。ある参加メンバーの方がいっておられたが，今回の震災は間違いなく日本全体に突き付けられた課題である。本当は，そんな時に「被災者」「その他」で切って分けられる問題ではない。ことばはむずかしい。物事を区切ることは，思いや気持ちを区切ることでもある。つまり「その他」でもって，あの震災から目をそらすこともできる。
> 　だから，VSはこれからも，山梨と被災地をつなぐ頑丈な橋でありたい。媚びることなく，へつらわず，まっすぐに被災地と向き合いたい。少なくとも，物理的な隔たりは何もないのだから。」（井上雅大・3月15日VSブログより）

震災後1年を経て，地元への広報活動を通じて立場を相対化し，活動を自問していく心の変化がみられるようになる。この頃から被災時の聞き書きを行いたいというVSからの要望が出されるようになり，次に述べる聞き書き調査に合流していく。

1-4　聞き書き

　学生によるボランティア活動と並行し，2011（平成23）年6月に初めてボランティアバスを出した際に，都留文科大学教授（社会学）の田中夏子が被災地域における現状の聞き書き調査を実施した。調査は田中と学生，卒業生3名で調査班を編成。根浜の漁業者等7名から聞き取りを行い，同年7月にはそのレポートを出した。同年，釜石東部地区の被災状況についての調査依頼があり，片岸地区を本校が担当することになった。9月より田中と学生，卒業生2名で聞き書きを開始。住民20人から被災にかかわる記録をつくった。記録作成には，両ゼミの学生全員が分担してたずさわっている。

　聞き書きの内容は津波被害の状況や避難行動だけではなく，個人に焦点を当て，ここにどのように暮らしてきたのか生活史も含めたものである。

　2012（平成25）年5月，釜石東部漁協を中心に復興市民会議（柏崎龍太郎代表）が結成され，その復興の仕事の1つとして漁協管内8集落の被災記録をつくることが決まり，本校にその調査を依頼された。

　調査には本学教員4名，ゼミ学生とVSの18名，「三陸ひとつなぎ自然学校」スタッフが参加。箱崎半島を中心に7集落から21名の聞き書きを行った（写真1.1）。

　3年目の2013（平成25）年と2014（平成26）年は「鵜住居地区復興まちづくり協議会」との協働で，鵜住居地区の調査を行った。調査は教員4名，

写真1.1　聞き書きをする学生たち

各ゼミ学生9名が参加。26人からの聞き取り，そのうち20名分をまとめ，報告書の作成には各ゼミの学生が行っている。

　生と死の間を経験した被災地の人々が語る「言葉」。そのリアリティは録音されてもち帰られ，多くの学生によっていくども反復されながら文字となり逐語録となった。逐語録は読み返され，精選され，語り手に再び問い返されて報告書が完成した。その長い道程を通して学生の心の底に，1つひとつの言葉が埋め込まれた。

　聞き書きにたずさわった学生たちは，卒業してそれぞれの故郷に帰った。そして教師となった者は，今，その言葉を自分の語りとして次の世代に伝えようとしている。

　佐藤 光(ひかる)は，2011年6月のボランティア，2012（平成24）年の箱崎半島調査では両石(りょういし)地区を担当している。両石地区は半島で最も高い波が襲った場所。釜石市の記録によると最大津波水位21.2m，家屋の被害は261世帯のうち全壊231，大規模半壊3，半壊0，一部損壊1軒（2013年6月20日時点）。自治会の資料によると死亡，不明者は43名である。難を逃れたのは1号地の高台に3軒，3号地の避難所であった保育園跡地のその上に建てられていた2軒，両石葬祭場下の四軒町に2軒。傾斜をはい上がった波にほぼすべての宅地が流失または甚大な被害を受けている。

　彼が担当したのは，間一髪で難を逃れた一人の女性の聞き書きである。

> …電線がプツンブッツンと切れて柱が向こう側に倒れていきました。みんなのところに倒れなくてほっとしました。旧保育園のところまで来ましたが，「もっと上に逃げろ」と呼ばれ夢中で山の奥へ逃げ込みました。「母さん頑張って」と娘さん。履いているサンダルが脱げて裸足で走る人，膝の痛い人，みな夢中でした。津波は見えませんでしたが私たちが登ってきた道は，家と車でふさがれてしまいました…（2013年，報告書より抜粋）

　2013（平成25）年に卒業後，海抜7m，海岸から約1kmの地点に立地する静岡県の小学校（児童数520名）に勤務している佐藤は，以下のように述べている。

「私が教壇に初めて立ってから1年と4カ月経ちました。1年間の行事の中で防災に関する行事は年に7回程度開かれています。…その都度，職員間でもどのように避難したらいいのか，話し合いを行っています。そのことから，防災に関する意識は高い方だと感じています。私も，ボランティアの経験から毎回，運動場に逃げてから屋上に避難する形には疑問を感じていたため，そのことを話しました。そのこともあって年に1回は避難訓練の時に教室から屋上に直接逃げる訓練をすることに決まりました。

東日本大震災のボランティアの経験談は，授業開始から避難訓練開始まで10分程度時間があるため，そこでよく話をします。当時はテレビや新聞でよく目にしていたはずなのですが，震災から3年がたち子ども達の意識は希薄になってしまっているなと感じます。」

被災地の子どもたちの遊びとなった"津波ごっこ"などの体験談を話すと，自分たちの想像していたことと違っているためか，真剣に話を聞いてくれます。話をしたときとしないときでは子ども達の真剣味も変わってくるので今後も話をしていきたいです。ボランティアに行ったことで，自分の話が机上の話ではなく生の声として周りの職員や子どもたちに届いていると感じています。そういった意味でもボランティアの経験は生きた経験として教育の中で役立っていると思います。」（2014年2月メールで取材）

日本を囲む海岸線は，約3万4000km ある。聞き書きボランティアに参加した30名ほどの学生のうち，8名が現在教員となり，そのうち5人は海抜10mに満たない海岸線に立地する学校に勤務している。彼らは未来に避けることができない津波に対して，子どもたちの命を守ることができる大きな可能性をもっている。

1-5　広島で生かされた経験

2012（平成24）年からVSの2代目代表を務めた宮下凌瑚は震災直後よりVSだけではなく，いくども RQ 登米に足を運んでいる。2013（平成25）年になると，ボランティアのニーズも変わり，VSが掲げたミッションが達成した

ことを理由に3月にVSを解散させている。

しかし皮肉にもVSを解散した翌年には2つの大きな災害が起こる。2014（平成26）年2月14日夜半から降った雪に対して無防備だった山梨県は雪害に襲われる。都留市社会福祉協議会からの依頼で，市内に設置されたボランティアセンターに宮下はコーディネーターとして入り，大学に設置された学生ボランティアのサテライトで働く。東北の経験がここに生かされている。

同年8月20日広島を襲った豪雨は観測史上3位を記録し，広島市全体の被害は死者72名，負傷者44名，行方不明2名の被害となった。この広島土砂災害を受け，広島修道大学の教員などによってRQ広島が立ち上がる。現地からの要請を受けて4年生の夏休みであった宮下はRQ本部スタッフとともに広島に入った。

安佐北区社会福祉協議会のボランティアセンターからの指示で，8月31日にボランティア作業が解禁された可部地区に初日から入り，仮サテライトの設営を行った。翌日9月1日に宮下は国の災害支援プロジェクトとして指導に来ていた李仁鉄からボランティアコーディネートの仕事を引き継いだ。

仕事は本部から連日派遣される200人を超えるボランティアを仕分け，必要な

図 1.2　活動を報じる記事（『山梨日日新聞』2014年9月8日付）

道具を渡すこと。また現地での作業ニーズの掘り起こしから，作業状況の進捗管理まで幅広いコーディネートをしなければならない。ボランティアコーディネートの現場は3日交代で来る社会福祉協議会職員では回しきれてはいなかった。

> サテライトの運営はボランティア及び広島市内の社会福祉協議会の職員が入れ替わりで行っていたため，情報共有や引継ぎが円滑に進まないといった問題が発生することもあった。これに関しては地元大学の学生がローテーションを組み，運営に参加したことにより改善が図られた。彼らはLINE等のツールを使用して情報共有を行っていたため，運営スタッフが入れ替わっても混乱が生じることは無かった。(RQ広島での活動記録より)

宮下は卒業後，地元富士吉田市の中学校の教師となって2年目を迎える。2011（平成23）年の東日本大震災のとき，現在担任する生徒たちはまだ小学校の低学年であった。富士吉田は震度6でかなり揺れている。終わりの会の最中で，保護者に引き取りに来てもらっている。しかし35人中5名しかその記憶がないという。彼女が今後，山梨県の防災教育で活躍することを期待している。

宮下は東日本大震災の直後に大学に入学し，4年生の広島災害まで災害ボランティア活動が続いた。

> 大学に入って，あの経験がなかったらこの仕事にはつかなかったと思う。いろんなところで話を聞いて実際に自分が体験してみること，目で見たことは人の考え方や行動にも影響することを実感した。東北や広島で被災した街がどう崩れたのか，またそこに住む人々が崩れた街を見続けながら避難生活を送る苦しさ，自分だけが生き残って申し訳ない気持ちの行き場のなさ。テレビだけではわかった気になるだけで実はわからなかったことが，実際にその場に行って見て，話をしてやっとわかった。教育現場で何もかもできるとは思わないが，この経験を生かすことが誰もが通る中学校の義務教育の場で，"何かできることがあるのではないか"と考えた。(2016年9月 富士吉田にて取材)

1-6 熊本に引き継がれた経験

　2016（平成 28）年 4 月 14 日の熊本地震発生から 5 日後の 4 月 19 日，学生たちは現地へ行く相談を始めた。言い出したのは内山歩と茂木理穂子。2011（平成 23）年に VS を創設し，釜石や RQ 登米にいくども通った学生である。二人はその後長期休学し，NPO 都留環境フォーラムや海外で働き，この 4 月に復学したばかりであった。この企てに同調したのは，釜石で「聞き書き」経験をもつ 4 年生 2 名と，これに募集で来た 1 年生 2 名を加えて 6 人。資金は，宮下が残してくれた VS の残金 13 万円であった。

> 「現段階では役所と自衛隊に任せるべきだ」。そんなニュースやうわさが溢れた。…でも，災害後の混乱時，それらの情報がすべてだと思ってはいけないことを 5 年前に学んだ。実際の現場の状況はもっと多様であるはずなのだ。それでも，自分が行くべきなのかという葛藤がかなりあった。一人では行けなかった。
> 　　　　　　　　　　　　　　　　　　　　　　　　　　（4 年・内山歩）

　彼らは長距離バスを乗り継いで熊本に入り，拠点施設にテントを張り，RQ 熊本のボランティアとともに，南阿蘇での農業支援や子どもたちの遊び支援，熊本市内にある旅館の荷物の運び出しや瓦礫撤去，飲食店再開などさまざまな活動を行った。

> 現地で初めて耳にした「災害教育」の必要性についても考えさせられた。…災害の現場から得られる学びを普遍化していくべきではないかと感じた。
> 　　　　　　　　　　　　　　　　　　　　　　　　　　（1 年・福泉春太朗）

　RQ の創設者の広瀬敏通は，「災害の場こそ若者たちの最大の学びの場である」という。熊本の災害は高校教師をめざすという福泉の心を動かした。

　2016（平成 28）年 8 月 30 日〜9 月 5 日に 2 回目の熊本遠征を 1 年生が中心になって実行した。もう資金などはどこからも出ていない。たった 4 人ではあるが力強い VS の復活である。

　災害支援の現場は若者たちを育て，彼らの生き方にも少なからず影響を与え

る。とりわけ教師をめざす学生には重要な経験である。しかし問題はこれが大学のカリキュラムに組み込まれ，単位となると話がちがう。ただ現地で汗を流したから，彼らが育つわけではない。

現地の情報収集から，細部にわたるリスクマネージメント，資金の調達，現地での作業の準備，バスの配車，食事の用意，企画書，記録作成，報告会と，一回のボランティア遠征を成功させるためには，膨大な時間と仕事が必要となる。また刻々変わっていく被災地の状況に対応するため，いくども修正やリセットが要求される。現場での対応の柔軟性が常に求められるのが被災地支援ボランティアの実相である。この試行錯誤のプロセスこそ学生の生きる力を育てていることを見失ってはいけない。

写真1.2　東海大チームとともに

> 読者のための参考文献

活動記録は以下を参照されたい。
旧：VS-都留文科大学学生災害ボランティアチーム http://tsuruuni-vs.seesaa.net/
新：災害ボランティアチーム VS-2016 都留文科大学 https://www.facebook.com/
　都留文科大学環境コミュニティ創造ブログ http://www.tsuru.ac.jp/subject/kankomi/

第 2 章
「四日市公害と環境未来館」を「学びの場」に
―四日市大学の取り組み―

　青空広がる，ある夏の日。沿線駅のホームで，女子生徒2人の会話を耳にした。「まもなく四日市行き電車がまいります」という構内アナウンスに反応して，一人が「ヨッカイチ…」とつぶやくともう一人が「ゼンソク！」と即答，「テストかよ〜」と屈託なく笑い合っていた。ひょっとすると，あなたも似たようなやりとりを友だちと試験前にしたことがあるかもしれない。高度経済成長期に起きた「四大公害」[1)]の1つ「四日市公害」は，深刻な健康被害をもたらしたため，たいてい地名を公害病とセットで教わるからだ。

　発生から半世紀以上が経った2015年，ついに「四日市公害と環境未来館」が誕生した。当時の公害被害を記録・保存し，後世に伝えるための施設（公害資料館）である。公害資料館ができたことで，地域社会は新たに「学びの場」「集いの場」「発信の場」という拠点を手に入れた。これは四日市市民だけでなく，地元大学の教育のあり方にもおおいに影響を与えるものである。学生は〈共感力〉をキーワードに，地域そのものや，公害資料館などの地域の施設を「学びの場」に，座学で得た知識を深め，じっくり考えることができるからだ。本章では，地域に根ざした教育を展開しようとする四日市大学の例を紹介する。

2-1　教科書では語られない四日市公害

　三重県四日市市は高度経済成長期に起きた四日市公害ぜんそくの発生地として，誰もが一度は教科書で目にしたことのある工業都市である。「石炭から石油へ」という国策としてのエネルギー転換を支えるべく，戦後復興の10年が過ぎるなり早々に石油化学コンビナートが四日市を皮切りに国内各地に造られ

ることとなった。石油精製，火力発電所，石油化学産業の3業態が結びついていわばセットになった石油化学コンビナートが，四日市臨海部を開発モデルとしてわが国に広がっていった[2]。当初，硫黄分の多い原油が輸入され，国内産業を支える燃料や原料として使用された。そのため，四日市ではコ

写真2.1　1960年代のコンビナートの様子
（澤井余志郎氏撮影）

ンビナートの工場の煙突から「亜硫酸ガス」と呼ばれる，燃焼に伴い発生する二酸化硫黄（SO_2）などの硫黄酸化物（SOx）が多く排出されることとなった（写真2.1）。1960年代には，コンビナートから出されるこれらの大気汚染物質により，公害ぜんそくが発生し，さらに地域住民への被害は四日市の臨海部から市街地一帯へと拡大した。

　多くの地域住民が被害を受けることで「四日市ぜんそく」とのちに名付けられたこの公害病については，1975年をピークに，申請して認定を受けた公害病認定患者だけでも2216名が存在した（2016年現在，370人弱の認定患者が市内に暮らす）。当時，コンビナートの煙突から出る煙に含まれる硫黄酸化物を取り締まる規制がなく，1959年より本格稼働した第一コンビナートの対岸に住む塩浜地区磯津の住民の間に，深刻な健康被害が最初に発生した。コンビナートは，定期点検を除き365日24時間体制でフル操業する。その結果，工場から排出される硫黄酸化物などの大気汚染物質に日々さらされ続ける地域住民に，慢性的な気管支の炎症（気管支炎）が起こる。1960年の冬には，咳が止まらない（ぜんそく発作），息を吸えても吐くことが苦しいといった呼吸困難の症状が住民の間に広がった。最初は風邪をひいたかのような咳や痰の症状が長引くことから，地元医院を受診して初めて公害ぜんそくと診断される住民が少なくなかった。

　公害ぜんそくは，大きく次の2点で通常のぜんそくと異なる。①原因物質で

ある大気汚染物質がなければ、ぜんそく発作は起こらない。空気がきれいな場所であれば、そもそも、気道が炎症を起こした状態[3]にあり続けることもなく、大気汚染物質という外的刺激で発作が起きて苦しむことはない。また、小児ぜんそく（小児気管支喘息）の場合とちがい、成長とともに身体機能が高まり、症状も落ち着いてくる（寛解・治癒）というような好転はなく、②一度かかると治らず、いやでも一生、病気とつきあわなければいけなくなる。当初はぜんそく発作に対して、発作止めの注射（気管支拡張剤）などによる対症療法が行われた。これはきつい急性症状をやわらげる一方、その即効性は心臓をはじめとする循環器系への負担となるなど、副作用が少なくなかった。現在は毎日継続使用することで気管支の炎症をふだんから抑え、ぜんそく発作を起こさないようコントロール・予防することがぜんそく治療方針となっている。しかしながら、予防医学・治療薬の飛躍的な向上により、吸入ステロイド薬が登場したのはここ20年程の話であり、当時はまだこの予防治療法が確立されていなかったため発作で命を落とす喘息死があった[4]。

1963年になると、市民の憩いの場であった海水浴場をつぶし、第二コンビナートが午起（うまおこし）地区に完成する。さらに第一コンビナート直下の塩浜地区磯津の住民にぜんそく患者が多発していたことを受け、有害な煙を散らそうとコンビナート全体の高煙突化が進められた結果、かえって四日市の中心市街地にもぜんそく患者が広がることになり、全市的な健康被害の

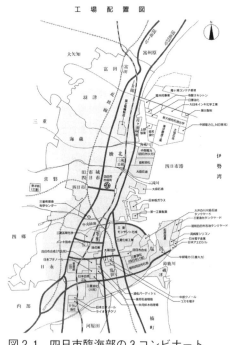

図2.1　四日市臨海部の3コンビナート
出所：『四日市公害記録写真集』より

問題となった。後述する，訴訟判決が出る直前の1972年には第三コンビナートも完成し，3つのコンビナートを有する現在の四日市臨海部の形態ができあがった（図2.1）。

1967年9月，塩浜地区磯津に住んでいた公害病認定患者代表（公害ぜんそくは誰にでも起こりうるということを示すために老若男女から構成された9名）が原告となってコンビナート主要企業6社を訴えた，四日市公害訴訟が提起された。環境経済学者の宮本憲一が指摘するように，原告側の「全面勝訴」で終わった同訴訟により四日市は「公害対策の原点」となる。実際は，全国のコンビナートのモデル都市でもあった四日市で被害住民側が勝訴したら全国で同様の訴訟が起こされると懸念した産業界・経済界が，原因物質を取り除く脱硫装置の導入などを急いだという事情で，判決を待たずして，「経済優先から環境優先へ」という環境改善への道筋がつけられることになった。

2-2　「四日市公害と環境未来館」の誕生

公害発生から半世紀以上を経た2015年3月21日，「四日市公害と環境未来館」（以下，公害資料館）が誕生した（写真2.2）。1日に約4万6000人が利用する，県内最大の乗降者数の近鉄四日市駅から徒歩3分の好立地に建つ。映画館を含む複合商業施設に隣接し，イベント広場でもある市民公園を手前に有する，四日市市立博物館の耐震工事およびリニューアル整備を機に，その2階と1階の一部に相当する部分に併設されるかたちで開館した（図2.2）。

公害訴訟の原告の一人で，今も「語り部」を続けている野田之一氏は，公害資料館の誕生をいわば「博物館乗っ取り」とユニークな表現をする。これは市立博物館を訪れた来館者がアクセスしやすい1階の一部と，さらに2階展示室から既存の歴史展示を大幅に削り，代わりに四日市公害の展示にあてるかたちで開館したこの公害資料館の特徴を的確に言い表している。原告9人のうち，当時まだ30代であった野田氏も85歳である。このようなかたちで誕生した同館は，公害がひどかったころを知る経験者，いわゆる四日市公害の「語り部」の高齢化という問題を受け，当時の深刻な被害を記録・資料保存し，その経験

を後世に伝え，さらには国内外へ発信していくための公害資料館なのである。

　公害資料館ができたことで，地域社会は「学びの場」「集いの場」「発信の場」という3つの拠点を手に入れたといえる。それはどういうことだろうか。

(1)「学びの場」としての存在意義

　水俣病が起きたことで地域社会に対立が生まれ，人間関係が崩壊した熊本県水俣市の場合，「もやい直し」(船をつなぎ直す「舫い直し」からくるキーワードで，公害を受けた地域の再生・創成に向けた関係性の再構築をさす)を必要とした。水俣における「もやい直し」のように，コンビナートが現在も地域で操業しつづけている四日市市にとって，市民が再び集い，そこからスタートする場の存在こそが重要である。公害資料館は

写真2.2　四日市公害と環境未来館「そらんぽ四日市」(筆者撮影)

図2.2　「そらんぽ四日市」館内図
出所：『四日市公害記録写真集』より

決して「つくって終わり」ではない。あくまでそれをどのように関係者が，学芸員や博物館職員のみならず，地域社会が，つまりは来館者ひいては市民が活用するかが鍵となる。

　同館ができるまでは，四日市市における公害教育は教科書の範囲を出なかった。四日市公害が発生した地元でありながら，四日市公害に関する授業はごく一部の，熱心な教員による例を除き，全国の小学校と同程度であった[5]。「四大公害」のうちで最も早く公立の公害資料館が開館した熊本県水俣市の市立水俣病資料館（1993年開館，2016年に判決60周年を機にリニューアルオープン）では「語り部」の話を聴くことを含め，市内小学校は全員見学となっているのに比べ，四日市公害の語り部活動は，招かれた小学校にボランティアとして出向いて行われていた。

　公害資料館の開館以降，市内の小学5年生（2015年度より）および中学3年生（2016年度より）は全員見学になるなど，市民にとっての「学びの場」としての存在意義は強まった。また，歴史博物館のなかにつくられたことで，地域の港町や東海道の要所としての発展，「石炭から石油へ」というエネルギー転換が地域開発に与えた影響など，歴史という大きな時間軸のなかで考える機会が提供された。これは，ほかの四大公害の公害資料館と異なる点である。高度経済成長期に起きた四大公害もまた，時間軸で見るべき「負の歴史・経験」であるが，半世紀以上が経ち，その経験者である「語り部」の高齢化が進んでいる。そのような現状にあって，次世代へバトンを渡す，「公害の経験を伝える（継承する）」ことが「学びの場」としての公害資料館に求められている。

（2）「集いの場」としての存在意義

　ほかの四大公害の資料館と大きく異なる点は，同館が，被害が最も深刻だった地域（塩浜地区）につくられなかったことである。被害甚大地域から約6kmと離れ，被害地域といわば切り離されたことで，当時の被害に思いを馳せることがややむずかしくなったことは否めない。公害資料館では，それを少しでも克服するため，1階の学習スペースに「研修・実習室」を設けている。平日は

写真 2.3 当時の塩浜小学校の教室を再現した公害資料館の一室（筆者撮影）

写真 2.4 現在の塩浜小学校とすぐ裏手にあるコンビナートの煙突（筆者撮影）

写真 2.5 塩浜小学校に現存する実際のうがい場（筆者撮影）

写真 2.6 再現された教室での環境学習講座（後方にうがい場）

　来館した小学生に四日市公害のガイダンス映像を最初に見せたり，土日は環境学習講座を行ったりする場として使われるこの一室は，当時の塩浜小学校の教室を再現したつくりとなっている（写真2.3）。塩浜小学校は，今も児童が通う，第一コンビナートと道を挟んで建つ公立小学校である（写真2.4）。公害被害が深刻だったころは児童10人に1人が公害ぜんそくを発症したとされ，そのため登校時の朝の乾布まさつやクラス対抗マラソンなどの基礎体力づくりが導入されていた。

　校舎の窓からは，日常的な風景として空にそびえるコンビナート煙突群が見える。当時は最新鋭であった，空気清浄機が特別に設置された教室内や，後方には全児童が休み時間のたびにうがいをしていた「うがい場」（写真2.5）も再現（博物館の館内展示施設でありながら，水道として使用でき，児童に課せられたうがいを「追体験」することもできる。写真2.6）されており，少しでも当時の塩

浜小学校の児童たちのおかれた状況に対して想像を働かせることができるようになっている。

　前述のように，公害資料館からは被害発生地域を直接，目視・観察することはできない。そのいっぽうで，もともと平日・週末を問わず多くの市民が集まる場所に立地したことによって，人々が集いやすい「場」を提供した。博物館でありながら，1～3階までの常設展示は無料であり，誰もがいつでも気軽に足を運べるという点は同館の強みである。また，全館リニューアルを機に導入された，日本初・現時点で世界最高級の8Kプラネタリウムの存在や特別展などの魅力あるコンテンツを提供することで，博物館全体としてリピーターを増やすことができ，公害資料館でありながら，人々が訪れる機会を増やすことにつながっている。

（3）発信の「場」としての役割・存在意義

　四日市は，大気汚染という，中国やインドをはじめとする海外で現在起きている環境汚染の事例を過去に経験しているので，そこから学ぶ，あるいは国内外を問わず伝えるべきことは少なくない。この意味からも，警鐘を鳴らす「場（拠り所）」が四日市市に誕生したことにおおいに注目したい。その反面で，ほかの四大公害と異なり，四日市の場合，裁判の被告企業6社をはじめとするコンビナート企業が現在も同地域で形態をそれほど大きく変えずに操業しつづけている。当時とは企業が少し入れ替わり，操業形態を時代とともに若干，変えつつも，3つのコンビナートがいまだ同じ場所に立地し稼働しているという「現在進行形」ゆえの，メッセージの出しにくさという課題が残る。

　このハード面における課題を克服する1つの方法として，来館者の多い土日祝日や長期休暇期間を中心に，3階の博物館展示と別個に，2階の公害資料館の展示については独自の「ボランティア解説員」が来館者によりそった説明をしている。ともすれば説明書きの多さから難解で敬遠されがちな公害展示を，さまざまな年代やニーズをもった来館者と，相互コミュニケーションを通して，展示内容へのより深い理解を促すことをめざしている。2016年現在，四日市

市民を中心に28名のボランティア解説員が活動している。

2-3 大学生にとっての「学びの場」としての公害資料館

　四日市市民だけでなく，地元大学も公害資料館をはじめとする地域を「学びの場」にしようと動き出した。今，わが国の大学は転換期を迎えたといっても過言ではない。少子化の進行により，大学全入時代に突入し，地方私立大学はますます地域でのプレゼンス（＝存在意義）が求められるようになった。1988年に学校法人暁学園と四日市市との「公私協力方式」で設立された四日市大学（以下，本学）は，地域貢献型大学としての使命を開学時から帯びてきたともいえる。ここでは，開学30周年（2018年）を前に，本学が推し進める地域貢献型大学への転換の試みを，いわば地域を「学びの場」とする学生教育の観点から紹介する。

　2014年7月，本学は文部科学省「地（知）の拠点整備事業」[6]の1つに採択された（事業推進期間：2018年度までの5年間）。文部科学省によれば，「地域コミュニティの中核的存在としての大学の機能強化を図ること」を目的に，「地の拠点（＝Center of Community）整備事業（以下，COC事業）」は展開されている。本学は〈産業と環境の調和をめざす四日市における人材育成と大学改革〉をテーマに設定し，「地域から求められる人材」[7]の育成を，大学全体の改革を通して推進することとなった。

　COC事業では，連携先も重要なファクターである。地元自治体である四日市市，および広域的な観点から三重県（県内の市町含む）が相当する。四日市大学は，地域連携改革（地域連携の強化）の柱として「地域のニーズに応えるとともに，地域に育てられる大学へ」という方針を打ち出した。開学以来「地域を先生に，地域を教室に」としていた特色の強化・可視化である。具体的には，より地域に根ざした大学として，「学びの場」を地域に広げ，それらの取り組みを通して学生の質の向上ひいては地域のニーズに合った人材の輩出というアウトプットを目標とする。自分たちの地域をより深く知ることを目的とした「地域志向科目」の導入はその好例である。

2-4　「地域を先生に，地域を教室に」——四日市大学の挑戦

　「地域を先生に，地域を教室に」を具現化する地域志向科目は，〈大学での学びを通じて地域の課題等の認識を深め，地域との結びつきを具体的に学び・実践する授業科目〉[8]と定義される。COC事業の一環として登場し，2016年現在，20科目が該当科目として認定されている。

　だが，本学の場合，それ以前より〈地域と連携する授業〉と銘打って地域と向き合う特色ある科目が少なからず存在していた。四日市公害に関連する科目だけをみても，①「環境特殊講義」（2002年），②「四日市公害論」（2012年），③「四日市学」（2014年）などが，すでに開講されていた。

　①「環境特殊講義」は，環境情報学部の専門科目（選択科目）である。四日市公害の解決に向けて当時奔走した行政OB・企業OB，市民運動家を講師に，さらに四日市市を含む三重県北勢地域の環境保全に第一線でたずさわる人物やNPO団体を講師として招いて行われている。社会人への無料開放科目としても開講されているため，学生に混じって毎年，20～30人の地域住民が聴講する。

　②「四日市公害論」は，環境情報学部の環境専攻の学生は専門必修科目，それ以外の専攻に所属する学生は選択科目である。環境社会学の観点から行われる本講義は，さまざまな人への「共感力」を養うべく，当事者の「生の声」にふれる経験を盛り込んでいる。毎年，四日市公害の「語り部」を2名，ゲスト講師として招き，受講生の前で語ってもらっている。当事者の体験を聴くことを通して，「負の歴史」を地域の歴史的変遷のなかに位置づけ，公害問題を多角的に学ぶことをめざしている。

　四日市公害論と，公害資料館への学外学習を伴う「地域社会と環境」を両方受講した学生は，「『あそこで振り返ったから，今がある』。そう思える個人史があるように，地域の歴史を振り返り，負の遺産と向き合い，それを後世に伝えることの大切さを痛感しました。この体験がきっと，未来の環境について考え，学んでいく原動力になる」（『COC事業ガイド』環境情報学部生インタビュー

より）と述べている。

　③「四日市学」は，学部横断的な全学共通科目（一般教養科目）として，入学したばかりの大学1年生を主対象に前学期に開講される。北は青森県，南は沖縄県から進学してきた学生たちに，少なくとも4年間，四日市という地で学ぶ以上，まずは地域のことを知ろう，というスタンスで設けられている。四日市の歴史，文化，産業，環境と多岐にわたることから，全学部の教員が教壇に立ち，オムニバス形式で行われるのも特長である。座学の総仕上げに市内各地に赴くバス研修を組み込んだこともあり，この実践的・体験的授業には留学生も多数，参加している。世界的にみると隣国をはじめ各種大気汚染が現実に起きているが，本学の場合，中国，ネパール，ベトナム，インドネシア，バングラディシュ，スリランカの6カ国からの留学生を現在，受け入れている。そのため，教室での座学だけでなく，公害被害多発地域であった磯津という現地へ実際に足を運び，そして経験（追体験）する，フィールドで学ぶことは彼ら／彼女らの気づきを増やし，理解を深めるきっかけにつながる。県外から進学してきた日本人学生に限らず，母国に帰ることが多い留学生も参加する学外学習は，公害資料館の設立目的「未来に豊かな環境を引き継ぐために，四日市公害の歴史を風化させず，環境改善のまちづくりと産業発展の中で得た知識と経験を，国内外に広く情報発信する」とも合致する。

　2014年10月28日，「四日市市と四日市大学との連携に関する協定書」が締結された。これは四日市市と地域の4高等教育機関（本学，三重大学，鈴鹿工業高等専門学校，名古屋大学大学院環境学研究科）とが結んだ連携協定書であり，公害資料館を，環境教育・環境保全活動を推進する場として活用するための申し合わせである。本学は，公害資料館との距離が，ほかの3高等教育機関と比べ，相対的に近いといえる。同館と塩浜地区磯津とは直線距離で約5 km離れているが，同館と本学も約7 kmであり，路線バス24分，直通バスで20分ほどの距離である。それゆえ，連携協定の締結は，公害資料館の活用範囲を拡大しただけでなく，本学にとっても地域とつながるための，さらなる強力な後押しとなった。

公害資料館の教育的活用の一例として，協定締結後の「地域社会と環境」（環境情報学部選択科目。2015年度に経済学部より環境情報学部に担当教員変更以降，2016年度より地域志向科目に認定）があげられる。この科目は，学生たちの座学後の実践として公害資料館を「学びの場」として活用している。2015年度は総合政策学部「環境政策」受講生との2学部合同，2016年度は経済学部「環境経済学」受講生との3学部計60名の合同学外実習に臨んだ（写真2.7）。

写真2.7　留学生も多く参加する学外学習
（筆者撮影）

2-5　四日市公害の経験から学ぶ「持続可能な地域と学校」

ICT（情報通信技術）の普及とともに，学び手である学生は手持ちのスマートフォンで得たい知識を瞬時に手に入れることができるようになった。対照的に，公害資料館という「学びの場」の誕生は，半世紀を経て過去のことと片付けられがちな高度経済成長期の「負の遺産」を学生たちがいわば「追体験」し，改めてじっくり考えるフィールドとなった。

繰り返しになるが，公害資料館とは，決して「つくって終わり」の施設ではない。いかに教育や研究，地域交流の場として活用してゆくか。資料の収集・保存といった資料館機能に加え，それらの活用を通じた新たなコンテンツづくりや，さらには市民による展示解説ボランティアや学生ボランティアの育成など，地域の「知の循環」に向け，大学側が人材提供をはじめ積極的にかかわる活動が重要となる。公害資料館を地元の大学教育と結びつけることによって，2016年の国立科学博物館主催国際シンポジウムで提唱された「知の循環型社会」を構築するための貢献が可能になる。

公害・環境問題を他人事ではなく，いかに「自分ごと」にするか。地域課題

の解決に向けて主体的に行動できる人材を育成することが,「地域とともにある学校」のとるべき道であろう。たんに,環境改善に貢献する技術の開発や知識習得にとどまらず,負の歴史や経験から学んでこそ,公害を克服したと初めていえるのではないか。四日市大学は,その設立経緯や地理的条件からも,四日市公害の教訓の発信を積極的に担うべき存在といえる。地域における大学として,地域に沿った学びの提供と,そこから現実の課題に向き合える学生を育て上げ社会に送り出す責務がある。2018年度の新カリキュラム導入を機に,既存科目の「四日市公害論」は環境情報学部全専攻学生の必修科目へとさらに拡大される。学部の一選択科目であった「地域社会と環境」は全学共通科目に発展し,環境を学びにきた学生以外にも開放される。「四日市学」も受講生が複数回,公害資料館をはじめとする市内各地に自ら足を運ぶかたちにリニューアル予定である。「持続可能な地域と学校」の関係の構築に向け,本学の挑戦は続く。

読者のための参考文献

- 伊藤三男(四日市再生「公害市民塾」)編『きく・しる・つなぐ:四日市公害を語り継ぐ』風媒社,2015年
- 遠藤宏一・岡田知弘・除本理史編著/宮本憲一監修『環境再生のまちづくり:四日市から考える政策提言』ミネルヴァ書房,2008年
- 澤井余志郎『ガリ切りの記:生活記録運動と四日市公害』影書房,2012年
- 政野淳子『四大公害病:水俣病,新潟水俣病,イタイイタイ病,四日市公害』中央公論新社,2013年
- 矢田恵梨子画/池田理知子・伊藤三男編著『空の青さはひとつだけ:マンガがつなぐ四日市公害』くんぷる,2016年

注
1) 四大公害とは,日本の高度経済成長期(1955〜1973年)という短期間に集中して発生した産業活動による環境破壊の例である。これまで人類が経験したことのない深刻な健康被害(公害病)を引き起こし,それに伴い公害病患者の家庭や生活破壊,ひいては地域社会の破壊を招いた。熊本水俣病(熊本県水俣市など),新潟水俣病(新潟県阿賀野川流域),富山イタイイタイ病(富山県神通川流域),四日市公害(三重県四日市市)が代表的な4つの公害としてくくられる。なお,四大公害以外にも大気汚染・水質汚濁などをはじめとする公害被害や,労働災害・職業病・薬害問題・食品公害が全国各地で多発したのもこの時期である。

2）2015 年現在，石油コンビナート等特別防災区域として指定された区域は東京都や内陸部の県などを除き，北海道から沖縄まで 33 道府県 85 地区に及ぶ（総務省消防庁『平成 27 年版消防白書』）。
3）気管支が腫れた状態が続くと，対症療法をしても粘膜の腫れがおさまらず慢性化する。空気の出入り口が狭まったまま，発作を起こしやすい状態をリモデリングという。
4）そのため，児童の喘息死も少なからずあった。象徴的に語られる，8 歳の少女（谷田尚子ちゃん）の例は漫画にも描かれた（矢田：2016）。
5）2015 年度より『のびゆく四日市：わたしたちの郷土』（小学校 3・4 年生社会科副読本）への四日市公害の記述が増え，四日市公害に多くのページが割かれた教科書が市内で採用された。
6）2013 年，2014 年の 2 カ年にわたって募集され，地域もしくは知識の拠点として，共同申請を含め全国で計 77 大学が採択された。
7）四日市大学社会連携センター『COC 事業ガイド』2016 年，p.6
8）初年度は 455 科目中 18 科目が認定され，今後は 40 科目まで拡大予定である。四日市大学社会連携センター「地（知）の拠点整備事業：産業と環境の調和を目指す四日市における人材育成と大学改革 平成 26 年度報告書」2015 年，p.4

第3章
地域と学校がともに生きる力を育む
自然学校という新たな挑戦

　この章では，持続可能な地域と学校が共有できる教育目標としての「生きる力」と，その「生きる力」を育む自然体験の機会を提供する地域組織として今日，各地で実践が始まっている自然学校の活動について紹介する。

　「自然体験」をベースにした活動プログラムや「体験から学ぶ」という体験学習が，多くの自然学校が取り組んでいる学びの特徴である。学びの手段としての"体験"の重要性は，1996年に中教審が「生きる力」を育むために「体験」が重要であると示して以降，多くの人々が認識を共有するようになっている。

　読者の皆さんには，本章を通して，「生きる力」を育む自然体験の重要性と，その自然体験を進めていくための自然学校という学習組織，そして学校との協働的な教育のあり方について一緒に考えてほしい。

3-1　自然学校の学び―生きる力を育む自然体験

　1980年代より山梨県清里で活動する自然学校「キープ協会環境教育事業部」の初代部長である川嶋　直（現公益社団法人日本環境教育フォーラム理事長）は，自然学校の設立の時代の動きを以下のように解説している。

> 　1980年代に自然体験を拠点とする自然学校（ホールアース自然学校＝静岡県，国際自然大学校＝東京都，キープ協会環境教育事業部＝山梨県）が生まれ，1990年代に地域振興の拠点としての意味を持つ自然学校（くりこま高原自然学校＝宮城県，北海道自然体験学校（現ねおす）＝北海道，野外教育研究所＝熊本県，大杉谷自然学校＝三重県）が生まれた。さらに地域振興を一段と目的意識化した，自然学校と名乗らない自然学校（TAPPO南魚沼やまとくらしの学校＝新潟県）

も各地に生まれた。

　川嶋はこのように述べたうえで，1995年の阪神淡路大震災や2011年の東日本大震災での活動で自然学校がもつ野外生活力やコミュニケーション力が大きな力を発揮し，自然学校のネットワークの震災復興や地域振興に向けた新たな地域拠点として動き始めている事例をふまえ，地域の課題解決に取り組む自然学校の姿として評価している。

　自然学校の教育のベースにある自然体験と体験学習は，教育をとりまく歴史的な経緯から時代時代でその教育的な役割としての重要性やその評価，とらえ方が変化してきている。おおむね，以下のような変遷をたどっている。

① 1850年ごろまでの産業革命以降のヨーロッパで広がっているラテン語で知識を獲得するラテン教育へ対して，デンマークのグロントビーがラテン教育は競争を伴う"死の教育"と指摘し，試験はなく対話から学ぶ競争がない教育への価値観の転換を示した。
② 1910～1920年代には，自然体験活動が，遊びやレジャーレクリエーションとしてではなく青少年教育としての教育的価値を評価されるようになる。
③ 1940年には，クルト・ハーンが設立した冒険学校OBS（Outward Bound School）にみられるように青少年への教育的効果が評価されるようになった。OBSの影響を受け1960年代にはアメリカを中心に冒険体験から学ぶ実践や研究が進みPA（Project Adventure）が生まれ普及した。日本もOBSやPAの手法が70年代以降に導入される。
④ 1957年にアメリカでスプートニックショックが起こり，1960年前後に科学教育重視の教育改革が進んだ。のちに日本の教育にも影響する。
⑤ 1970年代に入り「自然保護教育」運動の自然体験学習が環境教育・野外教育として青少年教育の一環として取り組まれる。欧米で発展してきた教育手法からの影響を受けて活動を展開してきた自然学校は少なくない。多くの自然学校が自然体験活動を「体験学習法」という教育手法を展開した。
⑥ 1996年，中央教育審議会が「生きる力」を指摘し，それを育むためには経験が必要と答申した。「自然学校宣言シンポジウム」など，この年を境に自然学校が取り組む自然体験活動の重要性が改めて指摘されはじめる。その後，急速に国内に自然学校が広がりをみせた。
⑦ 2000年以降に学校現場でも自然体験活動の取り組みが進められた。1996年の中央教育審議会答申のなかで「生きる力」とそれを育むために示された「社会

体験」「生活体験」「自然体験」の体験活動の重要性が指摘され，公教育においても体験の重要性が見直された。答申を受け，学習指導要領が変更され，「総合的な学習の時間」として新設された。
⑧省庁再編で文部省と科学技術庁が文部科学省となり，2001年，21世紀教育新生プラン〈レインボープラン〉と「学習指導要領とは学習の"最低基準"を示したものである」という大転換を示した。これまでの学習指導要領は教えるべき教科の内容や時間をあげ国が全国一律に示した厳格な「基準」であったが最低基準という認識に転換したこと，さらに「総合的な学習の時間」という，学習指導要領と教員免許に束縛されない学びの機会が公の学校現場にも認められた。

1996年の中教審で指摘されている「生きる力」とは，「いかに社会が変化しようと，自分で課題を見つけ，自ら学び，自ら考え，主体的に判断し，行動し，より良く問題を解決する資質能力であり，また，自ら律しつつ，他人とともに協調し，他人を思いやる心や感動する心など豊かな人間性であり，そして，たくましく生きていくための健康や体力」である。また，同答申では，「生きる力」の育成方策として，「体験」の重要性を指摘し，生活体験・自然体験の機会の増加を求めている。ここで指摘されている体験を通じて獲得するとしている「生きる力」は"暗黙知""経験的知"であり，今日公の学校での学びの中

【暗黙知】（体験的知）	【形式知】（科学的知）
"言葉や図では表現できない知" 体験学習でしか得られない知 　経験や訓練で培われたスキル 　物事の見方・考え方・雰囲気・感性 　アナログ的（実務）・現在の知識 　感情・EQ・右脳 　主観的・個人能力の依存度が高い 　例）人間国宝の技能。勘・読み・五感。 　言葉で学ばなくても視覚的・体感的に 　覚えることで伝達される「職人技」	"文字や記号・図で表現できる知" 主に概念学習で得られる知 　社会的な知識・客観的な知識 　理論的に習得できる知識・理論 　デジタル的（倫理）・過去の知識 　理性・IQ・左脳 　客観的・個人能力の依存度が低い 　例）自然科学の知識。マニュアル・ 　手順書著作物・ノウハウ書・教科書

図3.1 "暗黙知"と"形式知"

出所：野中郁次郎・竹内弘高『知的創造起業』（東洋経済新報社，1996年，pp. 87-90）および星野敏男『野外教育情報』vol. 20（財団法人日本教育科学研究所，2012年，p. 9）をもとに著者作成（2004年，2012年改訂）

心となっている概念学習で獲得する"形式知""科学的知"と大きく異なったものである。

このことをふまえ，野中郁次郎と竹内弘高が『知的創造企業』（東洋経済新聞社，1996年）で定義した「暗黙知」「形式知」と星野敏男が『野外教育情報』vol. 20（財団法人日本教育科学研究所，2012年）で示した「体験的知」「科学的知」という2つの知のとらえ方を通じて自然学校の学びの特徴を整理すると図3.1のようになる。

3-2　自然学校の社会的使命と課題解決プロセス

自然学校は，どのような社会的使命をもっているのだろうか。筆者が自然学校経営者を対象に実施したアンケートによれば，全体として「自然学校は社会問題の解決に取り組む使命をもっている」といえる。ここで意識されている社会問題とは，環境問題・教育問題・政治問題・経済問題などさまざまなであり，こうした諸問題を解決できるような人を育てることが自然学校の社会的使命であるともいえる。このほか，自然学校の社会的使命について代表的と思われる意見を紹介する。

自然学校の全国ネットワークである日本エコツーリズムセンター初代代表の広瀬敏通（としみち）は，自然学校の事業の特質の1つに「社会的な課題に取り組む姿勢がある」と述べている。広瀬によれば，自然学校の活動テーマは，「青少年育成」「環境教育」「自然保護（保全）」の3点に集約されていたが，近年「地域振興（再生）」が急速に最上位のテーマに位置づけられつつあるという。過疎地や中山間地に根を下ろした活動を始めた自然学校は，地域の衰退に直面することとなった。自然学校自身のミッションや役割として地域の課題解決のための取り組みが自覚されつつある。

九州・熊本を拠点に自然学校活動を展開する山口久臣（ひさおみ）は自然学校の条件として，社会的企業としてのあるべき方向性に関して「その地域の資源や素材を活用して，その地域の課題・問題を解決していくことをビジネス化・事業化している」と述べる。さらに，山口は，「自然学校は，公益を追求しつつ地域の課

題解決を目指した社会的企業（Social Enterprise）であり小規模分散化しつつ，その地域に根ざし地域とともにあること，地域的なスケールであることを本分とすべきものである」と述べている。

北海道の自然学校活動の草分け的存在でもある高木晴光（はるみつ）は，農山漁村地域に立地する自然学校の役割を「地域にある教育力，コミュニティ性を資源にして地域住民と協力し来訪者，地域当事者にも一次産業地域の価値を再認識するプログラムを提供すること」としており，さらに「抱える社会問題の解決へ立ち向かう活力源となりうるのが自然学校である」と述べる。

自らも自然学校を主宰する一方で広島修道大学教員としても活動している西村仁志（ひとし）は，「近年，自然学校には社会問題解決と持続可能な社会の実現へ向けた取り組みであるという社会的な評価と期待がなされる様になってきており，こうした見方と相互の関係はさらに発展していく」と述べている。

上述の4者ともに，地域において課題を解決する社会的企業としての自然学校のあるべき方向性を示しているが，その方法やプロセスについてはどうなのだろうか。この点について西村は，「ソーシャル・イノベーション（Social Innovation）」の視点から自然学校の課題解決のプロセスを以下のように説明している。「社会において発生する諸問題を見出し，自らの関心と思い（マインド）に基づいた解決策として独創的な事業手法（ツール）を開発し，その具体的展開を通じて人と社会との関係へ働きかけ（スキル），新しい社会的価値を創造していく。そして，自然学校には，ソーシャル・イノベーションの3つの要素「マインド（思い）」「ツール（手法）」「スキル（活動展開技術）」が備わっている」とした。

さらに西村は，「自然学校は子どもたちの教育の在り方の見直しの必要性，悪化しつつある地球環境をはじめとする人類社会の持続可能性への危機感，地方の過疎化と都市への人口集中という社会情況を背景とする【マインド＝思い】をもとに日本各地で実践が広がってゆく」と全国で展開されている自然学校の根底に流れるマインドを指摘している。

市民社会の研究者である駒澤大学文学部教授の李妍焱（リヤンヤン）は，これからの自然学

校の課題として,「体験型プログラムではない地域社会問題の解決の事業化が求められる。地域に本当に結びつくかどうか試される時代に入った」と指摘しているが,自然学校と異業種が連携することで新しく起こってきている事業にその具体的な可能性をみることができる。具体的には,静岡県を中心に全国で活動するホールアース自然学校が農

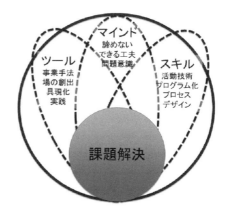

図3.2　自然学校の基軸―その③自然学校の課題解決力の特徴
出所：著者作成，2014年

業生産法人を立ち上げ農業に参入していることや宮城県のくりこま高原自然学校が林業家と連携し,ペレットストーブメーカー,木質ペレット燃料メーカー・家具メーカー連携し森林資源を材料とする製品の生産に参入し,森林資源を循環する資源にする林業生産者と生活者をつなぐ"treesm"という概念を提唱し森林の入口から出口までつなぐ事業を展開している。自然学校は情況対応力にすぐれ,緊急時に対応する機能を有しさまざまな課題解決力とともに生きる力を育む「教育力」とさまざまなものをつなぐいで「社会関係資本」を活かして「社会・地域の課題を解決する」可能性を有している。ソーシャル・イノベーションの視点からも,自然学校は3つの要素「マインド（思い）」「ツール（手法）」「スキル（活動展開技術）」を有しているといえる（図3.2）。

3-3　災害時の地域における自然学校の役割

　日本では,地理的気候的に,地震,津波,火山,洪水,土砂崩れなど,自然災害が起こりやすい。国内の自然学校が災害と向き合って初めて活動をしたのは,1995年1月17日に発生した"阪神淡路大震災"だった。自然学校関係者は,混沌とした状況のなかで震災3日後の1月20日には被災地へ入り情報収

集をしながら支援拠点を探し，最も情況が混沌としていた神戸市内の東灘小学校避難所で支援を行うことを決め，以後4カ月にわたって避難所の支援活動を行った。その後，2004年の中越地震，2008年の岩手・宮城内陸地震，そして2011年の東日本大震災では，全国にネットワークでつながっている日本エコツーリズムセンターやアウトドア関係者が連携して"RQ市民災害救援センター"という災害救援ボランティアセンターを設置して被災地で活動した。2014年8月に広島市で発生した豪雨災害でも現地の自然学校関係者と全国のネットワークが連携し"RQ広島"を開設している。このように，自然学校のネットワークは，災害時に被災地へいち早く入り，混沌とした情況のなかで支援拠点を設置して初動の支援活動を展開してきている。

こうした一連の自然学校の被災地支援活動の先駆者的役割を果たした広瀬敏通はその著書『災害を生き抜く　災害大国ニッポンの未来をつくる』（みくに出版，2014年）のなかで，「自然学校のサバイバルスキルは災害救援活動の即戦力にもなる。被災地域において自然学校はさまざまな形で貢献できる」と指摘し，3.11東日本大震災の支援活動を「自主的な長期支援活動のもうひとつの特徴は，いずれも現場で被災者と接点を持った人たちが，その場で考え始めたものだということだ。もし，活動がひとつの号令の下で画一的な支援をするだけだったら，決してあれほど多彩な活動派は生まれない」と振り返った。

RQ市民災害救援センターは，ピラミッド型のヒエラルキーで運営される組織構造をとらず，アメーバ型の組織を意識し柔軟でどこを切っても再生して生きていく，情況に合わせて柔軟に変化し，全体を仕切っていたリーダーがいなくなっても，個々の活動は別のリーダーに引き継がれて再生し，発展していくような組織を意識して行っている。自然学校がこのような組織を維持できるのは各個人が決して指示待ち人間ではなく常に情況を受け止め，課題を見つけ，その解決のために自ら考え，判断することができるよう日頃からトレーニングを行っている自然学校のスタッフとしての特性といえる。

3-4 学校教育との連携

　2014年11月に文部科学大臣から中教審に対して次期学習指導要領についての諮問が出され，そのなかにアクティブ・ラーニングという言葉が4回も登場した。アクティブという言葉には「活動的」という意味に加え「能動的な」「主体的な」という意味がある。文科省はアクティブ・ラーニングについて「深い学び」「対話的な学び」「主体的な学び」という3つの視点を示している。「深い学び」とは個別単体の知識ではなく，ネットワーク化され，構造化された知を創造していく学びである。今日，学校現場で求められている「社会に開かれた教育課程」を展開するために，「習得・活用・探究という学習プロセスの中で，問題発見・解決を念頭に置いた深い学びの過程が実現できているかどうか」「他者との協働や外界との相互作用を通じて，自らの考えを広げ深める，対話的な学びの過程が実現できているかどうか」「子供たちが見通しを持って粘り強く取り組み，自らの学習活動を振り返って次につなげる，主体的な学びの過程が実現できているかどうか」（中央教育審議会，2015年b）といった視点が今後の学校教育には求められる。こうした期待に応えるため，各学校・教育委員会には，持続可能な地域づくりをめざす自然学校との連携・協働がおおいに期待されており，すでに一部の自然学校では学校教育との連携が始まっている（表3.1，次ページ参照）。

3-5 ともに「生きる力」を育むために――課題と展望

　自然学校は，地域の課題と向き合い，地域に根ざす事業・活動を展開している。震災で被災地支援に入ったケースでも当事者意識の高さが課題解決の行動へつながっている。社会的課題を解決する」という使命を自覚しつつ身の丈にあった組織やネットワークをつくりながら課題や地域のスケールに応じた取り組みを行っている。まだ全国規模でみればそれほど数が多いとはいえない自然学校だが，今後，表3.1で紹介したような学校教育との連携をより組織的なかたちで展開することが自然学校の今後の課題といえるだろう。地域と学校がと

表3.1　自然学校と学校との連携事例

自然学校	学校(教育委員会)	対象学年	分野	テーマ	概要
大杉谷自然学校	三重県大台町教育委員会	小学校4年生	森林学習	小学生が創る宮川未来の森	森林での伐採などの作業を通して、地域の産業である作業を見直し、森や自然の未来を考える体験を行う
川に学ぶ体験活動協議会	福井県小名浜市立口名田小学校・新潟県見附市立名木野小学校ほか	小学生5年生ほか	川の自然・防災教育	水辺の自然体験活動と水防災教育と学校の連携	子どもの水辺安全教室／防災スクール
自然教育研究センター	東京都台東区教育委員会(区内の小学校)	小学校4年生	都市型環境教育	都市型環境学習施設における学校教育との連携	江戸時代の暮らしや昔の道具を見直す体験「洗濯板を使ってみよう」
国際自然大学校	千葉県、東京都内の年間40の小・中学校	小学校高学年，中学生	森林学習	冒険教育を活用した学級づくり	「Project Adventure (PA)」の手法をベースにしながら「協力」や「信頼」とは何かについて体験学習の手法を使って学ぶ
キープ協会	山梨県北杜市立高根清里小学校・立教中学校	小学生・中学生	森林学習	森と一体となって楽しむ多彩なプログラム	図工で「自分たちの秘密基地をつくろう―森でみつけたマイルーム)中学校2年生対象の3泊4日の清里キャンプ
ホールアース自然学校	静岡県富士宮市内の小中学校	小学生・中学生	森林学習	富士山での連携をめざす活動	「富士山まなびの森プロジェクト」として、地元企業の所有する森林を借り受け、森林の再生活動、野生動物の痕跡探索、樹木や野草の生態観察などを実施

出所：日本環境教育学会編『アクティブラーニングと環境教育』(小学館, 2016年) 掲載の事例集をもとに筆者作成

もに生きる力を育み，児童・生徒の学ぶ力を高めつつ持続可能な地域の発展に向けて連携・協働していくため，自然学校には今後一層の役割が期待されている。

> **読者のための参考文献**

・佐々木豊志『環境社会の変化と自然学校：自然学校に期待される３つの基軸―くりこま高原自然学校での実践を踏まえて』みくに出版，2016年
・西村仁志『ソーシャルイノベーションとしての自然学校―成立と発展のダイナミズム』みくに出版，2013年
・日本環境教育学会編『アクディブ・ラーニングと環境教育』小学館，2016年

※本章は，3-1〜3-5：佐々木豊志，3-4：降旗信一が執筆。

第4章

地域と学校をつなぐ ESD 実践における学外人材の必要性
―ドイツの「ESD マルチプリケーター」と「持続可能な生徒企業」の事例から―

　持続可能な開発のための教育（Education for Sustainable Development；ESD)[1]の目標の1つに，持続可能な開発についての知識を応用し問題を発見できる能力の育成が掲げられている。そのためには，学習者の動機や地域生活に密着し，かつ未来の展望に沿った学習方法が必要とされている。しかしドイツでは，持続可能な開発に地域と学校がともに協働で参画するという動機が形成されづらい。ドイツの学校は伝統的に，この生徒の「動機」や「生活」とはかけ離れた純粋な勉強の場として機能してきたので，学校文化が生徒の生活の隅々に浸透している日本よりも，学校と地域社会が一緒にあるテーマについて取り組むという前提が希薄なためである。

　この状況で持続可能な学校と社会をめざし取り組まれている試みが，地域社会のなかで学校が持続可能な企業を運営する活動であり，そこへの学外人材の登用である。ドイツの学校 ESD 実践は，学習と生活と学校文化をつなげ，豊かに展開していくプロジェクトやコミュニティを，学外パートナーとの協働で構築することに主眼をおく。本章では，伝統的に学校と地域社会のつながりが希薄なドイツで，グローバルな持続可能な開発の理念のもとに，それをつくり出そうとするドイツの取り組みを紹介し，そこでの学外人材の重要性について検討する。

4-1　学外人材「ESD マルチプリケーター」養成プログラム

　ドイツの学校は伝統的に，昼過ぎに授業が終了する半日制学校と呼ばれる形態をとってきた。一般的な在校時間は，小学校にあたる基礎学校では7：30〜11：30，中学校にあたる前期中等教育段階では8：30〜13：30である（ただし

日本の高等学校にあたり，大学進学を前提とするギムナジウム上級段階ではやや在校時間が長くなる）。午後は帰宅し自宅で昼食を食べ，スポーツや音楽などの課外活動は地域のクラブや市民大学（Volkshochschule），NPO などが開催する教室や場所で行う。このように本来，ドイツの学校は勉強の場であり，生活や地域社会とかかわる場としては機能してこなかった。

　この伝統に変化をもたらすきっかけとなったのが，2000 年の「PISA ショック」である。OECD（経済協力開発機構）によって実施された学力達成度調査である PISA（Programme for International Student Assessment）において，ドイツは 32 カ国中，総合読解力 21 位，数学リテラシー 20 位，科学リテラシー 20 位と，すべて平均を下回り，国際的な学力不振を白日の下にさらした（国立教育政策研究所『生きるための知識と技能　OECD 生徒の学習到達度調査』ぎょうせい，2002 年）。これにより，伝統的な教育制度の非効率性，とりわけ生徒間や地域（州）間，社会階層間にある大きな学力格差や，教育の機会不平等など，広範な分野で改革議論が巻き起こる。政府は 2001 年，PISA 型学力を育成するための「7 つの行動分野」として，学校の質の保障，貧困家庭など教育不利益層への支援，全日制学校の拡充，高度な専門家としての教員養成などの課題を提示した。この 1 つとして半日制学校から全日制学校への移行が掲げられたことにより，2003 年から全日制学校 1 万校をめざす「未来の教育と保育」（Zukunft Bildung und Betreuung）投資プログラムが始まり，2008 年までに 6918 校に対し合計 40 億ユーロ（約 5600 億円）が支出されている（BMBF, Bildungsforschung Band 27, "Qualität entwickeln – Standard sichern – mit Differenzen umgehen", 2008）。

　しかし，増加した授業・学習時間にあわせて自動的に教員の負担を増大させることはできないため，教育能力を有する学外人材の確保が急務となった。ここで，ESD の分野では，このような人材を養成させるために，2005 年から 3 期 7 年間にわたり，「ESD マルチプリケーター」（BNE Multiplikatoren）養成プログラムが実施された。「マルチプリケーター」とは，ドイツの教育／人材育成分野で一般的に使われる呼称であり，教員や指導員とも，またコーチやファ

シリテーターとも位置づけが異なる，直訳すれば「普及倍増要員」とでもいえるようなものである。学習者や社員，一般の人々のなかから，能力ある人材が，自分の属する組織内の人々を動機づけ，率先していくような状況をイメージするとよいだろう。最近ではフォルクスワーゲン社の社内研修マニュアルや，ミュンヘン大学の各学部に設置されている。

「ESDマルチプリケーター」は，学校にESDの考え方や方法を広め実践を展開していくための基盤となる人材である。彼らは，ESDに必要なコンピテンシー（能力）育成のための知識・手法だけでなく，学校と社会の効果的な協働のために，プロジェクトの開発やマネジメントのスキルをもち，ESDを学校文化に統合させ，地域社会において「学校の質」の向上に貢献することをめざす。単発の授業やプロジェクトの支援要員ではなく，学校全体の教育方針にかかわる部分にもかかわっていく人材である点が特徴的である。

第1期（2005-2007）の養成プログラムでは，教職員を対象に，ESDモデルの内容を実際に教育計画に反映させるための学習内容や手法など，学校の授業の改善のための技術的な側面が主に扱われた。それが第2期（2008-2009）になると，学外人材を対象とした「学校との協働」が主要テーマとなり，外部から学校教育の質を高めるための，多様な利害関係者間の対話や合意形成，プロジェクトマネジメント，学校がおかれている地域や社会の文脈に即した授業構築などが加わるようになる。第3期（2011-2012）では，学校が地域社会で企業を経営する活動である「持続可能な生徒企業」（次節で詳述）プロジェクトの実施をテーマとし，地域社会とのネットワークづくりや，教師と生徒の関係変化を促すためのアプローチなどが加わった（高雄「学社協働の担い手づくり―ドイツの事例に基づいて」鈴木ほか編著『環境教育と開発教育―実践的統一への展望：ポスト2015のESDへ』筑波書房，2014年）。

研修方法はいずれも，まずオンラインで理論や基礎知識を自習したうえで，スクーリングで専門家の指導による実践的内容を学ぶ。最終的に第1～3期で延べ200名が参加し，168名が認定された。認定者はデータベースに登録され，各地の学校や教育施設の要請で活動するほか，いくつかの州では，教員養成プ

ログラムの改変の際に，ESDに特化した内容の講座の講師に迎えられた（ベルリン市州，ブランデンブルグ州，ヘッセン州，ニーダーザクセン州，チューリンゲン州）。養成プログラム参加者は，「ESDの基礎的知識と能力が獲得できた」と評価しており，とりわけ教職員と学外人材の両方とも，「内容が学校の現実を反映していた」と述べている。

4-2　持続可能性と地域循環経済を追求する「持続可能な生徒企業」プロジェクト

　ESDマルチプリケーター養成プログラム第3期のテーマとなった「持続可能な生徒企業」（nachhaltige Schülerfirmen）とは，持続可能性の理念に基づいて，学校がサポートしながら，生徒が商品（サービス）の計画や生産，販売，従業員（生徒）の雇用を行う学習プロジェクトである。PISAショックで示された硬直化した学校教育を，発生する矛盾や衝突に教育学的に対処するチャンスを生み出せるような，より参加的，自律的，自己決定的なものにシフトさせようという教育学的目標がある。

　形容詞のない単なる「生徒企業」自体は1920年代の米国に始まり，1960年代に米英で「ミニ企業」（Mini Enterprise）や「ミニ事業体」（Mini Company）として発展した。ドイツでも1980年代から職業教育を補完するものとして発足し，課外活動をベースとしつつ，授業との連携もみられるようになる。そして持続可能性にコミットしはじめた1990年代からは，一連のESDパイロット・モデル事業（ESDモデル事業である「BLK"21"」プログラム，ケルン・ドイツ経済研究所の「＋JUNIOR」プログラム，ドイツ子ども・青少年財団のプログラムなど）で取り上げられるようになり，「持続可能な」という形容詞がつけられるようになった。

　これらのプロジェクトの特徴は，経済や労働のプロセスを「見える化」し，地域社会の持続可能な経済モデルを生徒が自らつくりあげることで，変化に対応し労働環境を自らつくりかえる力をもった「起業家精神」の育成をめざす点にある。社会から隔離され，純粋に勉強の場だったドイツの学校に「ひとかけらの現実」をもたらし，持続可能な開発の理念のもと，地域社会と協働で運営

していくものである。そこで学外人材である「ESDマルチプリケーター」が重要な役割を担っている。

　最も活発に展開されている地域であるニーダーザクセン州の「持続可能な生徒企業プロジェクト」のウェブサイト（http://www.nasch21.de/start/start.html）には，自転車修理工房，旅行会社，ウェブ制作会社，広告会社，レストラン，ケータリング，カフェ，フェアトレード会社など，多様な職種にわたり約300もの企業が集まっている。その目的は主に以下の2つのタイプに分けられる。

（1）持続可能な開発のトリプルボトムラインの追求

　「持続可能な生徒企業」の目標はまず，経済，社会，環境の3要素（トリプルボトムライン）の達成であるが，第一のタイプはこれをグローバルな文脈のなかで地域社会でダイレクトに展開するものである。"Think grobally, act locally"のスローガンのもと，途上国のカウンターパートと協働でフェアトレードを行う活動などがこれにあたる。

　インド先住民族との直接取引により，フェアトレードの紅茶の輸入と地域での販売を手がける「ティースプーン」では，プランテーション栽培に代表される途上国農業のかかえる問題や，資本主義経済で持続可能な経営を実現するためのビジネスモデル構築における困難やジレンマを体験的に学んでいる。

　地元産の有機栽培された食材を調達し，学校で健康な朝食・昼食を提供するカフェテリアを運営する「チームワーク」は，予約制で地域住民に配達もしている。社是は「環境に優しい経済，健康な食事，省エネ，売り上げ向上，チームワーク，そして従業員の満足」の6項目で，24名の生徒が週4日間放課後に活動している。活動を題材とした授業は，社会科，芸術，英語，ドイツ語（国語），数学にわたる。売り上げの一部をナイジェリアの学校に寄付し，学校交流の協定を結んだ。

　エシカルジュエリー（環境や人権に配慮した採掘方法による宝石）販売会社の「シュタインブリュッケ」（日本語で「石の橋」を意味し，宝石の「石」と堅い「石」によるつながりを表現している）は，原石の買い付け，加工，販売まで一

貫して生徒が行い，毎年約 7000 ユーロの投資資本を 1 万 6000 ユーロの利益から捻出している。この差額のほとんどを，マダガスカルのストリートチルドレンプロジェクトや，トーゴの障害者学校に寄付することが，毎年の従業員の会議で決められている。社長は生徒が 2 カ月ごとのもち回りで担当している。

（2）地域循環経済の創造

　第二のタイプは，地域社会の文脈のなかでグローバル経済に対抗する地域経済を創出する活動である。顧客や取引先を地域住民に絞りこみ，ICT などグローバル化の最前線に位置する業種で，地域に密着したきめ細やかなマーケティングによりニッチなビジネスチャンスを掘り起こしている。

　セルフビルド PC コンサルタントを行う「ex.PuCom」は，米国や日本，韓国でつくられたパソコンが大量消費されることで資本が流出しつづけるなか，パッケージ化されていないパソコン部品の販売，組み立て，メンテナンスをリーズナブルな価格で行っている。とくにグローバル企業からはあまり対象とされないマーケティング層である地域の青少年にもアプローチし，口コミやソーシャルネットワークの活用で仲介代理店を排除し，コストパフォーマンスと顧客満足度を上げている。

　また，学校の卒業アルバムづくりから起業した「スクールアート」は，地域社会のさまざまな企業や施設，行事などのポスターやウェブサイトのデザイン，高齢者を対象とした IT 講座や PC メンテナンスを行っている。参加生徒は情報処理，コンピューター，経済学の授業と組み合わせ，クリエイティブなデザイン能力，社会的な協力・チームワーク能力を身につけている。

4-3　学外の「ESD マルチプリケーター」による「持続可能な生徒企業」

　前述の 2 タイプのうち，ESD マルチプリケーターがより重要な役割を担うのが，後者の地域循環経済創出タイプの生徒企業である。ここで，より詳細に生徒企業「スクールアート」の事例を取り上げて説明する。

　ニーダーザクセン州オルデンブルク市は，人口およそ 16 万人の都市である。

写真 4.1　スクールアートの社員である生徒たちとマルチプリケーター（筆者撮影，2010 年 8 月）

写真 4.2　生徒がデザインしたフライヤー　事業内容が簡潔に記されており，デザイン性も高い（Schoolart Schülergenossenschaft, 2006）

　この中心部に位置するフレーテンタイヒ統合学校は，日本の中学・高等学校を合わせた課程を有し，進学校やそうでない学校などを統合した学校で，学力差が大きいという課題をかかえている。同市は州内で，産業メッセ都市ハノーファー，フォルクスワーゲンの本拠地ヴォルフスブルク市，先端技術の学術研究都市ブラウンシュヴァイク市に次ぐ第 4 位の人口規模だが，目立った産業のない平均的な地方都市だ。

　持続可能な生徒企業「スクールアート」は，同校に 35 ある課外活動の 1 つの活動だったが，2006 年に，グラフィック，ウェブサイト，会計，マーケティングの 4 部門からなる協同組合法人として設立された（写真 4.1）。この企業には，ニーダーザクセン州「持続可能な生徒企業プロジェクト」，全国レベルの ESD パイロット・モデル事業「BLK"21"」プログラム，ヨーロッパ環境学校事務局，フランクフルト大学，北ドイツ協同組合連盟，州フォルクスバンク財団などが協力しており，本格的な地域連携型プロジェクトとなっている。これらの団体が参加した設立集会では，「社員」である生徒によるビジネスモデルのプレゼン，組合の定款の締結，取締役および執行役員の選出が行われた。同社の目標は持続可能な地域経済の創出であり，それは社員の持続可能な起業家精神や社会的能力の育成，ICT やアートの職業実践と教科学習との接続を

主眼としている.

　事業内容は主に，8～13年生（日本の中学2年～高等学校3年に相当）の社員たちによる，地域の中小企業や公的機関，美術館などのウェブサイト構築，ポスター，カードなどのグラフィックアート制作（写真4.2）であるが，さらに高齢者のIT教室も展開する．高齢者や子どもを対象とする特別価格，環境に配慮したグリーン調達，安定した経営などをそれぞれ両立させることで，地域社会で持続可能な経済を循環させるプロセスを参加的・体験的に学ぶ．連携している教科は情報処理，コンピューター，経済学，美術，国語などであり，社員たちの成績は上々であるという．社員になるためには半年間の研修を受けなければならない．設立資金は250ユーロ（約3万5000円），資本金は100ユーロ（約1万5000円）と少額だが，2009年より地域銀行フォルクスバンクの無利子融資が得られるようになり，徐々に事業を拡大している．

　参加生徒は，「責任を伴うので一人前になれる．ほかの多くの教科とちがい，とても刺激的で，モチベーションが上がる」（18歳），「将来は写真家や絵画アーティストとしてのキャリアを積みたい」（18歳）など，学習意欲や将来展望の向上につながる感想を述べている．また地域社会の側からは，美術館が行う企画展や地域の行事のポスターをスクールアートが手がけることによる中高生の参加や，卒業生が他都市に流出せず地元で起業する事例が増えた，高齢者と若者の交流の場が盛んになった，などの反応があるという．

　そして，このスクールアートの実践展開には，ニーダーザクセン州生徒企業マルチプリケーターのユルゲン・ドリーリングとノルベルト・クリューの両氏が深くかかわっている．彼らは，法人設立，運営の助言のほか，学校計画における目標設定や教育の質の向上にプロジェクトを位置づけるためのアドバイスも行っている．さらに，参加者の成績の検討や評価（ポートフォリオや活動証明書）も，州のESD学校開発ガイドラインを遵守して行っている．彼らは地域社会のほかの学校や地元企業と豊富なネットワークを有しており，持続可能な生徒企業にかかわるコンテストやメッセの開催など，教員だけで行うにはむずかしい地域連携の役割も担っているのである（写真4.3）．

また上下関係なく立場が中立なマルチプリケーターの存在は，学校内の利害調整も行いやすい。さらに教員を生徒の学びの「伴走者」もしくは「コーチ」へと変容させ，それが企業のチームワークに貢献し，プロジェクトへの生徒の主体的，自発的な参加を促進しているとも報告されている。

筆者は，マルチプリケーターであり，持続可能な生徒企業の専門コーディネーターであるクリュー

写真 4.3 「持続可能な生徒企業」メッセ スクールアートの説明をするマルチプリケーターのクリュー (Schoolart Schülergenossenschaft, 2006)

に，2010 年，インタビューする機会を得た。彼は，「学校で行う教育プロジェクトは『箱庭でのままごと』になってはいけない」と述べる。とりわけ「利益を生む，という経済活動の本質を理解し，変化や不確実性に柔軟に対処できる力を身につけるためには，地域社会の本当の経済主体とのパートナーシップが重要となる。無菌状態で知識だけを伝達するだけではできない」として，学校と地域社会が連携する意義を強調する。ただそれと同時に，「教育プロジェクトに多くの主体が安心して取り組めるようになるためには，最終的な責任はやはり学校長が負わねばならない。失敗してもよい環境のなかでチャレンジできることが教育だ」とも述べている。地域の文脈に即した，「ひとかけらの現実」を学校にもたらすプロジェクトだが，やはり学校という安全に守られた環境も必要であり，そのバランスを見極めるのもマルチプリケーターの仕事ということであろう。

4-4 学外人材としてのマルチプリケーターの今後の展望

学校が地域社会の文脈に即した活動を行うには，学外の人材が不可欠である。事例の ESD マルチプリケーターは単発の教育支援ボランティアではなく，自

ら教育学的なアプローチに基づくプロジェクトを管理運営し，学校教育の教科との連携や生徒の成績評価にもかかわっていた。そして学校が学外人材をオープンに受け入れることで，地域社会の文脈に即した持続可能な生徒企業活動が実現し，学校内での教師間や，教師と生徒の関係も変化していく。さらにそのフラットなチームワークの経験が，生徒自身の，地域社会での持続可能な経済活動の創出に主体的に参加する態度につながっていくプロセスがあった。

オルデンブルク市は，近隣の大規模商業都市や学術都市の陰に隠れ，地域社会に若者を引きつけるインセンティブに欠けていた。日本と同様に少子高齢化に悩むドイツでは，若者の流出は地域社会にとって死活問題であり，地域経済の活性化による雇用創出は急務である。本件は，PISA ショックによって全日制学校の拡大に火がついたように，グローバルな趨勢が伝統的な学校の位置づけを変える圧力となるなかで，持続可能な地域経済というを実現するために，学校や地域がどのように変わる必要があるのか，自ら主体的に問い直し実践していく事例であるといえる。

ESD は環境と開発の関係に着目し，環境，経済，社会の相互作用を促進してきた。しかし，このような多分野の組み合わせが既存の学校教育の内容に反映されるには，思い切った発想の転換が必要である。持続可能な開発そのものは高度に抽象的な概念であるため，学校教育や地域社会の見解もさまざまだ。それらを調整し，意思決定のための合意形成を積み上げ，持続可能性に向けて転換していくためには，学校や地域社会それ自身が，持続可能な社会のために，どのような人材を求め，その育成のために必要なリソースをどのように提供できるかについて，自らを振り返り分析することから始めなければならないだろう（高雄「持続可能な地域発展のための学社協働の担い手―ドイツの地域 ESD のネットワーク生成と構造化から―」日本社会教育学会編『社会教育としての ESD―持続可能な地域をつくる―』2015 年）。そこで，学校と地域社会から独立した客観的な立場にある，外部の ESD 専門家としてのマルチプリケーターが果たす役割は大きいのではないか。

:::読者のための参考文献:::
・松下佳代編著『〈新しい能力〉は教育を変えるか――学力・リテラシー・コンピテンシー』ミネルヴァ書房，2010年
・高松平蔵『ドイツの地方都市はなぜクリエイティブなのか――質を高めるメカニズム』学芸出版社，2016年
・鈴木敏正・田中治彦・佐藤真久・朝岡幸彦・阿部治編著『環境教育と開発教育――実践的統一への展望：ポスト2015のESDへ』筑波書房，2014年
・日本社会教育学会編『社会教育としてのESD――持続可能な地域をつくる』東洋館出版社，2015年

注

1）1992年のリオ・サミットで採択された未来のための行動計画「アジェンダ21」の第36章に，持続可能な開発には教育が重要であると明記されたことを契機に，2002年のヨハネスブルグ・サミットで採択され，2005〜2014年までの10年間，ユネスコを中心に世界中で取り組まれた教育運動。

第5章
ESDの手法から考える「地域資源」
―「観光まちづくり」への活用をめざして―

　2014年9月，第2次安倍政権が「地方創生」に関する政策を打ち出した。長く続いている少子高齢化を背景とした日本全体の人口減少問題と，地方都市から首都圏への人口流入と一極集中化を抑制し，地方活性化を目的としたものである。都市部と地方の格差は大きく，このままの状況が続いていくと地方はより一層疲弊していくことになる。

　それでは地方の地域社会が「持続可能な社会」となるためには，どのようなことをすればよいのだろうか。本章では地域社会を活性化させるきっかけの1つとして「地域資源」をどのように探し出すか，ESD（持続可能な開発のための教育：Education for Sustainable Development）の手法を用いた事例を紹介していく。テーマである「地域資源」を活用した「観光まちづくり」を進めていくうえでは，地域住民が地域にある自然環境だけではなく，歴史・風俗などの生活文化を含めて，何を活用することができるのかを考えていく必要がある。ESDの手法は，地域を包括的・俯瞰的にとらえるために有効活用することができる。

　本章では，第1節で「持続可能な観光まちづくり」をとりまく状況を概説し，第2節で鹿児島県奄美群島にある沖永良部島で実施している湧水地を活用したESD実践に関する取り組みについて説明する。そして第3節で筆者が担当している授業から派生したESDプロジェクトについて，鹿児島大学と高崎商科大学での事例を紹介していく。

　ESDとは，どのようなものであろうか。文部科学省のウェブサイトでは，日本ユネスコ国内委員会が「ESDとは（環境・貧困・人権・平和・開発など）現代社会の課題を自らの問題としてとらえ，身近なところから取り組む（think globally, act locally）ことにより，それらの課題の解決につながる新たな価値観や行動を生み出すこと，そしてそれによって持続可能な社会を創造していくことを目指す学習や活動」と紹介している。また，環境省の「＋ESDプロジェクト」のウェブサイトでは，ESDについて「一人一人が自然環境や資源の有限性，地域の将来性など，様々な分野とのつながりを認識し，持続可能な社会の実現に向けて行動する人材を育成する教育」と紹介している。そのようななかで，日本におけるESD研究の第一人者である立教大学教授の阿部治は，ESDを「人々が持続可能な社会の構築に主体的に参画することを促すエンパワーメント（行動するための力を与えること）」と説明しており，日本におけるESDは地域に根ざした展開をしていることが特徴であると指摘している。

5-1　持続可能な観光まちづくり

（1）「観光まちづくり」とは何か

　「観光まちづくり」という言葉が使われるようになって久しく，今日ではさまざまな場面でこの用語が用いられている。「観光まちづくり」とは「観光」と「まちづくり」を組み合わせた，いわゆる造語だが，それぞれ対極に位置する言葉を組み合わせたともいうことができる。「観光」の主役は観光客（来街者）であり，訪れた先では「非日常」を求めるという傾向にある。それに対して「まちづくり」の主役は地域住民（在住者）であり，今住んでいるところをよりよいものに，あるいはその地域を活性化することをめざしている。アジア太平洋観光交流センター（2000）は，これまでの観光開発が経済重視の側面が大きく，乱開発による地域資源の破壊，ゴミ問題や交通渋滞などによる生活環境の悪化などの反省に立ち，観光客と地域住民が対立することなく地域資源を多くの人が享受することができるようにすることが，「観光まちづくり」では重要であると述べている。そして，望ましい地域づくりのあり方として「地域が主体となって，自然，文化，歴史，産業など，地域のあらゆる資源を生かすことによって，交流を振興し，活力あふれるまちを実現するための活動」を「観光まちづくり」として定義している。

（2）「地域資源」とは何か

　この「観光まちづくり」の定義では，「地域のあらゆる資源」という表記がなされている。これは一般に「地域資源」と呼ばれるもので，「地域のなかに存在する特徴的なモノやコト」を「活用することができる資源」として見なすという前提に立っている。活用の仕方はさまざまあり，たとえば農産物や魚産物には，生産地名と産品名を組み合わせて名付けることが多くみられる。「夕張メロン」「小美玉メロン」「下仁田ネギ」「大間まぐろ」などがその代表例としてあげられる。これら生産地名をつけた農産物や魚産物が「地域ブランド」として確立されると，ほかの地域との差をつけて売り出すことが可能になり，地域の経済活性化につながっていく。また観光地であれば，これらの産品はその地域の代表的な土産品となるだろう。農産物や魚産物以外にも，地域に存在する歴史的建造物（寺社仏閣など）や，自然景観などが「地域ブランド」化されることもある。最近ではユネスコが登録を進めている世界遺産（自然遺産・文化遺産・複合遺産）や無形文化遺産，「世界の記憶」（世界記憶遺産）などが地域ブランドとなっており，観光客を誘致するための「地域資源」としての有効活用が期待されている。

（3）今後の「観光まちづくり」の方向性

　冒頭に述べた日本政府が進めている「地方創生」のなかでは，「交流人口の増加」が目標の1つとして掲げられている。「交流人口」とは「定住人口」（いわゆる居住者の人口）に対して用いられる概念で，その地域を訪れる人口のことをさす。観光によって交流人口を増やし，それに伴う需要の創出により地域の経済活性化につなげようという試みが各地で始まっている。なかでも訪日外国人旅行客については，2013年には1000万人を超え，2015年には1973万人となり，2000万人を超えることが期待されている。2016年3月に開催された「明日の日本を支える観光ビジョン構想会議」（議長：安倍晋三総理大臣）で日本政府は，東京オリンピック・パラリンピックが開催される2020年の訪日外国人旅行客数を4000万人，訪日外国人旅行客による消費額を8兆円という目

標値を設定した。今後はとくに訪日外国人旅行客をターゲットとした「観光まちづくり」が進められることが予想される。

また，最近よく見かける用語として，「持続可能な観光」や「持続可能なまちづくり」という言葉がある。ここでいう「持続可能な」とは「観光客が途切れずに来てくれること」や，「地域社会がずっと活性化しつづけること」を意味しているのだろうか。「ブルントラント報告書」として知られている『我ら共有の未来』（Our Common Future）で記されている「持続可能な観光」あるいは「サステイナブル・ツーリズム」（Sustainable Tourism）の説明では，「持続可能な観光とは，調和のとれた固定状態ではなく，資源の利用，投資の方向，技術開発の方向，制度の変更が，現在だけでなく将来のニーズに一致している変遷のプロセスをいう」とされている。「持続可能な〇〇」といえば聞こえがよいが，本当の意味での「持続可能な観光まちづくり」とはどのような意味なのか。みなさんはどのように考えるだろうか。

5-2　沖永良部島におけるESD実践

（1）沖永良部島の湧水地

　鹿児島県の奄美群島に属する沖永良部島は，鹿児島市から南に約540km離れたところに位置する隆起珊瑚礁の島である。沖永良部島では，水は生活にかかわる重要な問題で，かつては湧水や沖永良部島の方言でホー（河）やクラゴウ（暗川）と呼ばれる地下河川から汲み上げたものを使っており，水があるところに集落が形成されてきた。沖永良部島は和泊町と知名町によって構成されており，2つの町の全世帯に上水道が普及したことにより，これまで女性や子どもの役割とされていた生活用水を湧水やホーやクラゴウから汲み上げるという日常的な労働は姿を消した。そのために地域住民が湧水やホーやクラゴウなどへ日常的に行くことがなくなり，湧水地に対する関心が次第に薄れていった。

　沖永良部島には豊かな自然と共生してきた独特の文化があり，これらを次世代につなげていくことは非常に重要なことである。筆者を含む研究グループで

は，人・自然・地域・文化などの「つながり」の再生と再構築について，沖永良部島における水資源，とくに湧水，ホー，クラゴウを軸として，地域密着型の環境教育・ESDを展開していく可能性について検討している。なお本章では，この生活用水を汲み上げていた湧水，ホー，クラゴウなどの水場，およびその周辺にある自然環境をまとめて「湧水地」と称している。

(2) 地域資源としての「湧水地」

　沖永良部島に100カ所以上あるといわれていた湧水地は，かつて日々の飲料水および生活用水を確保するための場所であるとともに，地域社会の社交場としての役割を担っていた。また湧水地があるところに集落が形成されたという事実からも，湧水地は沖永良部島において自然の恵みの象徴であるといっても過言ではない。しかしながら，上水道の整備や土地区画整理事業などにより，人々の生活から切り離されてしまっている。一部の湧水地を除いて，湧水地そのものが管理されることなく放置されてしまったり，埋め立てられ消失してしまったりしているのが現状である。湧水地に関する記録が限られている状況では，湧水地の存在自体がこのまま忘れ去られてしまうおそれがあり，かつての利用経験者も減少している。

　沖永良部島では，水は飲料や農作業など人々の生活に欠かせないだけではなく，生活風習とも大きなかかわりがあった。沖永良部島には元日の朝一番に，地区ごとに決められた湧水地から水を汲み，先祖に捧げるという風習がある。これは日本の各地でみられる「若水取り」と呼ばれる風習と同じである。知名町ではこの汲み取った水のことを「フガヌミジ（黄金水）」と呼び，和泊町では「ショージ（清水）」と呼んでいる。とくに和泊町の各地区においては，若水取りを行うと決められた湧水地のことを「ショージゴー」と呼び，ほかの湧水地とは別に扱っている。沖永良部島における最も位が高いショージゴーは，内城地区にある島内最古のショージゴーであるイジュンゴーとされている。しかし，港湾整備や土地区画整理事業などにより，これらの湧水が埋め立てられていった地区も多く，とくに和泊町の東海岸沿いにあった湧水の多くは，すで

に目にすることはできない。

(3) 湧水地を活用したESD実践

　この湧水地は，小学校の教育課程においてどのように扱われているのだろうか。和泊町教育委員会と知名町教育委員会は，地域学習のための副読本として『わたしたちの沖永良部島』を発行し，沖永良部島の小学校で活用している。この本のなかでは生活用水にかかわる事項として，湧水地やため池などに関する記述はあるものの，湧水地の位置や名称などは記載されていない。また小学校での聞き取り調査では，教員が沖永良部島出身者ではないため，湧水地を地域学習に用いようとしても短い任期のなかでは，島内の自然環境などの実態を把握するのがむずかしく，沖永良部島にある湧水地の位置やそれらにかかわる歴史などについては把握しきれないなどの問題点が明らかになっている。その反面，年配の地域住民からは湧水地の歴史を語り継ぐことの重要性を聞くことが多く，これらの声が地域学習に反映されることが少ないことも明らかになっている。

　筆者らが実施している研究プロジェクト「湧水地を活用したESD実践」[1]は，地域社会に存在する生活文化の歴史的遺産および自然環境を教材として活用することにより，とくに生活用水にかかわる生活文化を知ること，湧水地の周辺にある豊かな自然環境や生態系を知ること，そして湧水地の名称に残る沖永良部方言「シマムニ」を知ること，という3点を通じて，地域社会の持続可能性について「気づき・考え・行動する」ためのきっかけを提供するものと位置づけている。

　筆者らはこれまでの現地調査により，沖永良部島の湧水地を環境教育・ESDの教材として用いることは大きな意義があると考えるに至った。まず，学校教育においては，和泊町と知名町の教育委員会および小学校の協力を仰ぎ，「校区内にある湧水地」をテーマとした環境教育・ESDの実践を行った。基本的に出前授業（講演）の形式をとり，筆者が児童に対して校区にある湧水地の概要，歴史，名前の由来などを解説した。また，いくつかの小学校では近くの湧

図5.1　和泊町立和泊小学校における出前授業の様子
出所：『南海日日新聞』2013年10月23日付

水地へ実際に赴き，湧水地の水に触れたり，水のなかの生き物観察をしたりするなどした（図5.1）。そのほか，小学校での取り上げ方としては，4年生の夏休みの自由研究のテーマや，6年生の「総合的な学習の時間」など，学校によってさまざまな取り組みがなされた。

　他方，大人向けとして行ったESD実践としては，2014年8月に知名町中央公民館で開催された講座「沖永良部島の湧水～過去・現在・未来～」で，地理学の視点から湧水地分布の地域的特徴，集落における湧水の維持管理の実態と今後の方向性について解説したり，環境教育・ESDの視点から自然環境や生活文化，方言などを包括したかたちでの地域資源として湧水地を保全することの意義と課題について解説を行った。

　筆者らの研究グループの活動に端を発してか，それまで停滞気味だった字ごとの湧水地保全活動が活発に行われるようになってきた。沖永良部島には和泊町に22，知名町に22，合計44の字が存在している。湧水地ごとに形成された字は，現在でも地域住民の結びつきが強く，和泊町と知名町のそれぞれで開催

される町民体育大会などは字対抗で熱戦が繰り広げられている。また、夏祭りなどの地域活動は字を単位として行われている。他者（ヨソモノ）が島内にある地域資源（湧水地）の価値を多く語るようになったため、一部の字を除いて、これまであまり手をつけてこなかった字による湧水地の保全活動が目立つようになってきている。とくに和泊町においては地域おこし協力隊が入っていることも関係しており、湧水地をまちづくりの軸にすることの試みとしてワークショップが開催された。今後は地域の再発見だけではなく、湧水地という地域資源を観光やまちづくりに応用していくことが地域の課題の1つといえる[2]。

なお、地域おこし協力隊とは、地域おこしや地方暮らしに関心のある都市部住民を対象とし、地域に住み込みながら地域協力活動（農林水産業や観光、産業振興など）に従事してもらうことを目的としたもので、2009年に総務省が制定したものである。地域外から新しい人を呼び込み、地域社会を活性化しようとするものであり、地方自治体が1～3年の任期を設けて地域おこし協力隊の隊員を委嘱している。和泊町では2013年より地域おこし協力隊として「和泊町まちづくり協力隊」を募集している。

5-3 授業から派生した実践活動

（1）かごしま茶プロジェクト

鹿児島大学の学生は約半数が鹿児島県内出身者、それ以外のほぼ半数が九州各県から来ているが、4年間あるいは6年間の大学生活のなかでどれだけ鹿児島という土地の特性について知ることができるのかを疑問に感じて、共通教育で展開している科目のなかで「地域について知る」ことをテーマに、鹿児島県に特化した授業展開を行った。毎年受講生に「鹿児島県」からイメージするものを聞いていたが、西郷隆盛や大久保利通、大河ドラマで取り上げられた篤姫など幕末から明治維新までの人物や、桜島などがあげられることが多かった。そのほかにも芋焼酎や温泉、黒豚などがあがってくるものの、日本茶があがることは稀であった。日本茶は鹿児島県の特産品の1つであるが、鹿児島県よりも生産量が少ない京都・宇治茶や福岡・八女茶よりも知名度が低い。そのため、

鹿児島県産茶を「かごしま茶」として地域ブランド化する動きが出てきて，1997年には鹿児島県茶商業協同組合がシンボルマークを制定するに至った。現在，鹿児島県内で生産される茶葉は，従来どおりに地名を冠した名前（たとえば，霧島茶など）と並行して，統一名称として「かごしま茶」という地域ブランド名をつけており，鹿児島県産茶葉であることを推している。

　筆者は2010年度より「かごしま茶×マイボトル」をテーマの1つに据えて，継続的に環境教育・ESDプロジェクトを実施した。これはマイボトルを携帯するための普及活動に加えて，その中身に地元特産品である日本茶（かごしま茶）を入れてもらう促進活動を行うものであった。毎年実施していた学生へのアンケート調査では，多くの学生たちは鹿児島県が日本茶生産量第2位の県であることを知らず，また日常生活のなかでペットボトルの日本茶を飲む機会があっても，自宅で急須を用いて日本茶を淹れて飲むという習慣がないことなど，鹿児島県産の日本茶そのものに親近感をあまりもっていないことが明らかになった。

　そこで，環境教育・ESDの授業のなかで「かごしま茶×マイボトル」プロジェクトを推進するだけではなく，筆者が担当するほかの科目で実施する学外研修のなかにかごしま茶の生産地見学を組み込むなど，鹿児島県産の日本茶に対する理解と親近感をもたせることを試みた。たとえば頴娃・指宿地域をフィールドとした研修合宿では夢・風の里アグリランドえい・美土里館において，茶農家による地域おこし団体「茶寿会」の協力を仰ぎ，地元産・頴娃茶の手もみ体験を行った。

　そして，本プロジェクトの一環として2011年度より3年間，大学生協の協力を得て，中央食堂においてかごしま茶の試飲会を行い，そのなかでマイボトル普及活動を展開した。これは学生たちが試飲会を通じて鹿児島の特産品であるかごしま茶を知ってもらう，ということを目的としたものである。ここで用いたかごしま茶は，南九州市頴娃町で生産された頴娃茶と，同市知覧町で生産された知覧茶を生産農家から提供していただき，急須を使ってお茶を淹れた（図5.2）。

市民の声

地域をこえたまちおこし
知覧町 郡 宮原 春雄

知覧町の後岳地区に、無農薬茶の栽培をしており、エコファーマーとしての認定を受けました。きっかけは、周りの自然の木々にも虫がついても枯れているのに、なぜお茶の木だけが枯れてしまうのだろう？と考えたことです。また、同時期に環境問題がよく取り上げられていたこともきっかけのひとつです。消費者の皆さまに安心して飲んでもらえる安全なお茶作りをいつも心がけています。

先日、彼らが企画したかごしま茶の試飲会が鹿児島大学食で開かれましたが、今年で4回目ですが、昨年から私の作った知覧茶を試飲用として提供し、2日目に彼らの活動風景を見てきました。

普段急須でお茶を飲まない若い世代の方が、おいしいと言ってお茶を飲むところを目の当たりにして、とても嬉しく思えました。私たち生産者は直接消費者と

する環境サークル「チームたんぽぽ」の学生たちと交流をしています。

萩原先生や学生たちとの交流のように、地域を超えて協力しあうことが、今後の町おこしにはとても重要だと思います。

南九州市のまちおこしのためには、若い人の力が必要だと言われています。顔が見えにくい関係にありますが、偶然先にでも知り合うことができ、とても新鮮に感じました。

私は3年前に開催された特産品フェアの会場で鹿児島大学稲盛アカデミーの萩原豪先生と知り合いました。そして現在、萩原先生が担当する環境教育科目の受講生が組織

図 5.2 知覧の茶農家との連携活動
出所：「南九州市議会だより」23 号（市民の声）、2013 年 8 月 20 日付

　この「かごしま茶」の ESD プロジェクトは，受講生有志によって発展的な活動を展開することになった。環境教育・ESD 関連科目の受講生有志による任意団体「チームたんぽぽ」として，2013 年度の大学祭に「地域を知って地域のことを考える」ことをテーマに，かごしま茶と地域の特産品を扱うブースを出店した。これは受講生が自主的に企画立案し，運営を行い，これまでのプロジェクト実施に対して協力関係にあった南九州市の NPO や茶農家の方々だけではなく，南九州市役所からも支援を得て大学祭での出店を実現させた（図 5.3）。

　南九州市からは同市のマスコットキャラクター（いわゆる，ゆるキャラ）である「お茶むらい」が大学祭に派遣されたほか，店舗で使用する急須や湯飲み，そして縁台（長椅子）やそれにかける毛氈（赤い敷物）などを無償提供された。店舗で提供するかごしま茶の茶葉は，知覧の茶農家からだけではなく，先に紹

茶屋で一服 鹿大祭に学生出店

南九州特産 本物の味わいアピール

鹿児島大（鹿児島市）で開催中の「鹿大祭」に、南九州市特産の茶を知ってもらおうと、学生たちが茶屋を出した。自ら茶畑に行き、茶もみ体験も学んできた学生たち。「本物を味わってほしい」と茶の情報発信に一役買っている。17日まで。

「おいしいお茶を飲んでいきませんか」。学生たちが、行き交う人たちに声をかける。店名「たんぽぽ茶屋」。南九州市の頴娃や知覧産の茶と、頴娃の農家の作った茶菓子のセットを使った「茶節」（150円）を売っている。

店を切り盛りする「チームたんぽぽ」は学生約20人のグループ。鹿大稲盛アカデミーの萩原豪特任講師（41）の授業で、環境問題や持続可能な社会について学ぶメンバーを中心に結成。急須で茶を飲む機会が減っていることから、茶の情報を発信しようと出店を企画した。

知覧の茶農家、宮原春雄さん（65）や、頴娃の茶農家、上村亜由美さん（43）たちと話し合いを重ね、頴娃で茶もみ体験をしたり、知覧の茶畑に足を運んだりして準備を進めてきた。

学生代表の鮫島歩さん（21）は「一人暮らしの学生は自宅に急須も持っていない人が多い。この機会に本物を味わってほしい」と話している。

店内には、釜蓋神社やタツノオトシゴハウスといった南九州市の観光地や、茶やサツマイモについて、地図入りの説明も張り出されている。

（祝迫勝之）

図5.3 鹿大祭でのチームたんぽぽの活動
出所：『朝日新聞』2015年11月16日付

介した「茶寿会」からも提供を受けた。店舗では知覧茶・頴娃茶のほか，鹿児島の特産品であるさつまあげ（つきあげ）や，頴娃町で生産した野菜を使ったクッキーやケーキなどのスイーツを一緒に販売した。また，南九州市の「ソウルフード」とされる味噌と鰹節を日本茶で混ぜた「茶節」も販売した。

これ以外にも，頴娃町で観光まちづくりを推進しているNPO法人頴娃おこそ会からは，近年パワースポットとして注目され，頴娃町の観光名所となっている釜蓋神社で実際に使われている釜蓋の提供を受け，釜蓋神社で行っている儀式の模擬体験をするコーナーを設けることができた。釜蓋神社では，直径約30cmの木造りの釜の蓋を頭の上に載せて，鳥居から本殿までの約8mを頭の上の蓋を落とさずにたどり着くことができたら願い事がかなうというものであ

る。このように南九州市の特産品だけではなく，観光名所を紹介するなど，かごしま茶（知覧茶・頴娃茶）という切り口から，この大学祭におけるプロジェクトでは南九州市を包括的に取り上げることができたといえる。

　このように鹿児島県に着目をしたESDの授業展開では，鹿児島という地域に対して受講生の意識を授業期間終了後まで喚起することができたことや，地域との連携を運ぶことができた点においては一定の評価を下すことができるだろう。

（2）桑茶プロジェクト

　群馬県下仁田町は，特産品の下仁田ネギとこんにゃくが有名なところである。下仁田町の特産品の1つである桑茶を教材として用いたESDプロジェクトは，高崎商科大学の学生や地域住民に対して，産地である下仁田町および桑茶について広く伝えることを目的としている。2015年度は主に「教養演習Ⅱ」（2年ゼミ）を，2016年度は「専門演習Ⅰ」（3年ゼミ）を対象として，授業内容の一環として展開している。

　下仁田町では桑茶を特産品としているが，桑茶を生産・加工販売しているのは一社のみであった。桑茶の6次産業化をめざして，1次と2次は地元企業が，3次の部分を筆者のゼミが担当する，という形式を試験的に行っている。6次産業とは，1次産業である農水産業が生産だけではなく，2次産業である食品加工，3次産業である流通・販売などまで手がけることをさす。6次産業と呼ばれるのは，「1次×2次×3次＝6次」という考え方からである。本プロジェクトは，桑茶を地域資源として位置づけるだけではなく，教材としても位置づけてみることを試みている。

　本プロジェクトでは，次の4つの活動展開を計画した。①若年層（ここでは高崎商科大学の学生を想定）に対する桑茶のPR活動の展開，②学内における桑茶に対するモニター活動の展開（試飲会の開催およびモニター募集），③桑茶を用いた新しいメニューの開発，④彩霞祭（大学祭）における桑茶カフェの出店。ここでは，とくに④の彩霞祭における桑茶カフェについて紹介する。

桑茶カフェでは，飲料としての桑茶（ホットとアイス）を提供するだけではなく，桑茶を使ったスイーツとして，桑茶の抹茶パウダーを混ぜたクレープとババロアを提供した。桑茶を飲料としてだけではなく，料理にも応用することができることを紹介するため，クレープのなかは，上州名物焼きまんじゅうに使われるような独特

写真5.1　彩霞祭における桑茶カフェの様子
（2015年10月16日）

の甘い味噌だれを挟んだ。同時に下仁田町の知名度を上げるため，店内に下仁田町の観光ポスターを展示したり，観光パンフレットなどを配布したりするなどした（写真5.1）。なお，本プロジェクトにおいて，下仁田町の知名度を上げることを目的の1つとした理由は，筆者が担当している科目の受講生（約80名）に下仁田町について聞いたところ，ほぼ全員が下仁田町という名前は知っているものの，下仁田町がどのようなところかということについては知らなかったからである。

2015年度の桑茶プロジェクト[3)]では，彩霞祭での桑茶カフェ出店以外に，とくに学内において桑茶の認知度を上げることに注力し，桑茶試飲会を実施した。また，③については自分たちでメニュー開発をする以外に，京都在住の専門家から協力を仰ぐことができ，現在も新商品開発を進めている。

（3）東日本大震災復興支援プロジェクト

筆者が高崎商科大学で担当している観光まちづくりにかかわる科目では東日本大震災や熊本地震などの復興や防災にかかわることにもふれている。ある日，岩手県宮古市出身の学生から「僕は被災地のための観光まちづくりを学びにこの大学に来たので，大学祭で被災地支援のための支援活動をしたいができないでしょうか」という質問が投げかけられた。この学生が震災復興とまちづくり，

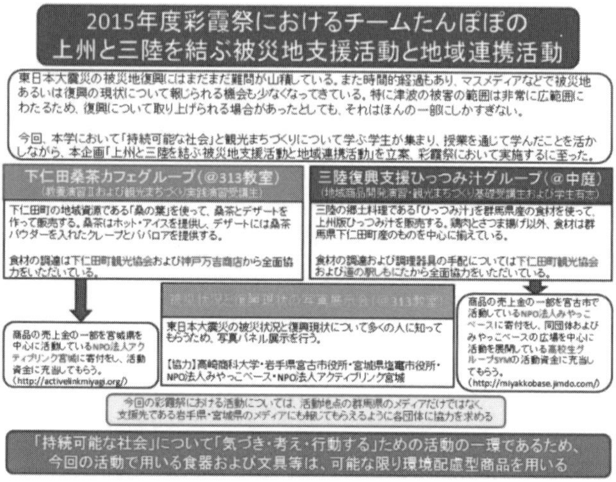

図 5.4　チームたんぽぽの被災地支援プロジェクトの概要

上毛新聞　2015年(平成27年)10月25日(日曜日)　地域　(14)

文化の秋　趣向凝らす

文化の秋、学園祭シーズンが到来し、県内の大学や短大で24、25の両日、学園祭が開かれ、趣向を凝らした催しを大勢が楽しんでいる。

きょうまで学園祭　花盛り

震災復興支援に　ひっつみ汁販売　高崎商科大

高崎商科大の学園祭「彩霞祭」は、高崎市根小屋町の同大で始まった。同大の学生サークル「チームたんぽぽ」が東日本大震災の復興支援のために岩手県のすいとん「ひっつみ汁」を販売し、来場者から注目されている。

ひっつみ汁の販売は、同大1年で同県宮古市出身の田中飛佑馬さん(18)が発案。同県内にあり津波で流された田中さんの母方の実家に伝わる味を再現し、同大の秋原豪准教授の指導を受ける学生たちが中心となって提供している。

2日間で300食(1食300円)を販売する目標で、売り上げは宮古市で復興支援に取り組むNPO法人に寄付する。

田中さんは名物の汁の販売を、「被災地の三陸と群馬をつなぐことができ、協力してくれた多くの人に感謝したい」と喜んでいる。

午前10時〜午後4時。

ひっつみ汁が入った容器を持ちながら来場者に説明する田中さん

県央

情報は支局へ
前橋 ☎027・254・9933 Fax 027・252・5321
高崎 ☎027・360・3536 Fax 027・360・3530
伊勢崎 ☎0270・26・4343 Fax 0270・26・4342
0120・808046へ

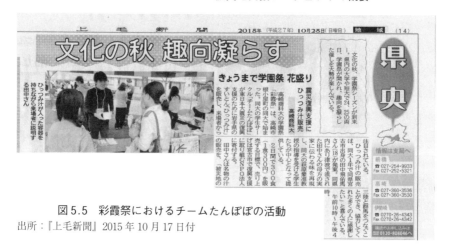

図 5.5　彩霞祭におけるチームたんぽぽの活動
出所：『上毛新聞』2015年10月17日付

被災地支援に興味関心のある他の受講生に呼びかけることにより，学生有志による被災地支援活動が始まった。

高崎商科大学の大学祭（彩霞祭）は，2015年10月24・25日の両日に開催された。「チームたんぽぽ」[4)]では，ESDの手法を用いた観光まちづくり系の授業で学んだことをもとに，「群馬県下仁田町の地域資源を活用した東日本大震

災被災地支援活動—上州と三陸を結ぶ学生による地域連携活動—」を実施しました。今回は，①三陸復興支援ひっつみ汁グループ，②下仁田桑茶カフェグループ，③被災状況と復興現状の写真展示会という3つの活動を展開した（図5.4）。

　本活動は，被災地支援をテーマにして地域食材（地域資源）を用いた2つの出店をすることにより，①被災地の現状把握，②地域社会の再認識，③参加者・来場者に対する「持続可能な社会」の認知向上，④誰でも無理なくできる「持続可能な社会」への第一歩という4つのプロセスを踏んでいくことを目的としている。とくに上州の地域資源（食材など）を使い，上州と被災地・三陸とつなぐ初めての試みでもあった。下仁田町観光協会や道の駅しもにたからも協力をいただきながら，この活動を展開した。売上金は必要経費を差し引いた後，宮古市で被災地復興の活動をしている NPO みやっこベースと高校生団体 SYM に寄付した。

　群馬ではあまり震災のことが語られないため，初年度は多くの人から注目を集めることができ，地方紙である上毛新聞にも取り上げられた（図5.5）。2年目以降の活動展開をどのようにするのか，2016年4月に発生した熊本地震との関係もあり，これまでの活動を再検証するとともに，今後の活動について検討していきたい。

5-4　ESD による観光まちづくりの展開

　本章では鹿児島大学と高崎商科大学で筆者が実施した事例を紹介しながら，環境教育・ESD の手法を用いた地域資源の掘り起こしと再発見，そしてそれを利活用して実施したプロジェクトについて紹介した。そして，それらを「観光まちづくり」にかかわることに応用していく可能性について述べてきた。

　鹿児島や下仁田の地域資源にはどのようなものがあるのか。それを探るためには，まずその対象地域がどのような歴史・文化・産業をもつ地域なのかを立体的に把握する必要がある。そして，どのようにすれば地域の持続可能性，あるいは経済振興を図ることができるのかを検討していったが，そのためにはま

ず地域について熟知する必要がある。このように地域を調べていく段階で，モノとモノの間の「つながり」を可視化することに着目するESDの手法はおおいに活用することができたといえる。

　沖永良部島の例でいうならば，関心がある一部の人を除き，多くの地域住民にとって「当たり前」と思われていた湧水地の存在を，他者（ヨソモノ）による刺激をうけて地域資源として再認識することにより，湧水地を活用・保全する新たな動きが出てきた。湧水地を単なる水汲み場としてみるのではなく，地域住民がそこで暮らしてきた歴史，文化，そして言葉（方言）などを組み合わせ，湧水地を立体的に可視化することにより，学校での教育内容や字による保全活動などに湧水地を組み込んでもらえることにつながった。そして，湧水地と湧水地をとりまく自然環境，湧水地にかかわる生活文化などについて，地域の人がその価値に気づき，次世代につなげていくための行動をとるきっかけをつくることができた。

　鹿児島のかごしま茶と下仁田の桑茶の場合は，その特産品の存在自体は認識しているものの，それが地域資源としてどのような価値をもっているのか，ということは主として生産者が知っており，周囲の人や県民はその特産品を「当たり前」のものとして受け止めてしまっているきらいがあった。本章では「6次産業化」という言葉を用いたが，他者（ヨソモノ）であったとしても，その別の視点を用いることができれば，生産者を含めた地域住民・団体との連携を図ることができる。

　学校現場で地域をテーマとしたESDをどのように進めていくか，ということは自分たちが毎日生活している地域を広い視点でとらえ直すことにつながる。着目するのは特産品などだけではなく，その地域がこれまでに育んできた歴史・文化・風習・自然環境など，その範囲は多岐にわたる。

　いずれの地域でも，関心のある一部の人を除き，多くの人はその地域資源をまた，地域を歩いて地域の人と話す機会があると，必ずといってよいほど「ここは何もないところだから」といわれる。本当に「何もないところ」なのだろうか。実際には「何もない」のではなく，いろいろなものがあるけれども身近

すぎてみえていないため，それらを価値のあるものだと思っていない，ということではないだろうか。ESDの手法は地域を包括的・俯瞰的にとらえる，可視化するために有効である。またESDは学校と地域を結ぶだけではなく，生徒・学生と地域住民，あるいは地域住民同士を結びつけることができるための有効的な手法と言えるだろう。地域資源となるモノやコトを発掘すること，また発掘した地域資源の利活用の方法を検討すること（発掘した地域資源を観光まちづくりや新しい特産品の開発やプロモーションなど），これらを学校と地域で相互協力・連携をしながら進めていくことができれば，生徒・学生にとっても地域にとっても有意義ではないだろうか。

　本章で紹介した筆者の授業の受講生たちが実践したプロジェクトは，いずれも授業で行ったプロジェクトや授業で取り扱った内容から生まれたものだった。授業ではESDの手法を用いながら，参加学生たちに地域と地域のつながり・支え・絆，というものを気づいてもらい，実践することができた。冒頭で述べたように，ESDを「人々が持続可能な社会の構築に主体的に参画することを促すエンパワーメント」とするならば，本章で取り上げたように授業が終わったあとも，授業の枠組みを越えて，学生たちが自主的にプロジェクトをつくりあげていったこと，実際の行動に移すことができたことは，授業でESDを実践したことによる波及効果としてとらえることができるかもしれない。

　読者のみなさんが住んでいる地域ではどのような「地域資源」があるのだろうか。地域のモノやコトを可視化して，その「地域資源」をどのように利活用していくことができるか，ぜひ考えてみてほしい。そして，できれば実践の一歩を踏み出してみてほしい。

　読者のための参考文献
・デービッド・アトキンソン『新・観光立国論』東洋経済新報社，2015年
・財団法人アジア太平洋観光交流センター『持続的発展可能な観光地づくりに関する調査報告書（平成11年度）』2000年（https://nippon.zaidan.info/seikabutsu/1999/00549/mokuji.htm）
・佐々木一成『観光振興と魅力あるまちづくり―地域ツーリズムの展望』学芸出版社，2008年

・佐々木一成『地域ブランドと魅力あるまちづくり―産業振興・地域おこしの新しいかたち』学芸出版社，2011 年
・藤岡達也『環境教育と地域観光資源』学文社，2008 年

注
1）沖永良部島における湧水地を活用した ESD プロジェクトは，JSPS 科研費 JP24501108 の助成を受けたものである。基盤研究（C）「沖永良部島における水資源を活用した ESD 展開に関する基礎的研究」（研究代表者：元木理寿）。
2）現在，実施している「沖永良部島における湧水地を活用した ESD 実践」については，筆者の元木理寿（常磐大学），野村卓（北海道教育大学釧路校）が中心となって，2010 年度から展開している。
3）高崎商科大学における桑茶プロジェクトは，文部科学省「地（知）の拠点整備事業」に基づく高崎商科大学平成 27 年度地域志向型教育研究費「地域資源および教育資源としての下仁田産桑茶の可能性」による助成を受けたものである。
4）「チームたんぽぽ」とは，筆者が担当する授業の受講生を中心に，環境教育・ESD（の手法を活用し，身の回りのモノ・コトから「持続可能な社会」のあり方について気付き・考え・行動するための活動を展開している学生サークルである。2007 年，学習院大学教職課程「総合演習（環境教育）」の受講生有志が集まり，「大学祭エコ化プロジェクト」をテーマとして活動を開始した。その後，2009 年，鹿児島大学稲盛アカデミーで筆者が担当した「環境教育・ESD 論」および関連科目の受講生有志が，その活動を引き継ぎ，「チームたんぽぽ」として活動を展開した。特に鹿児島の地域性に着目をし，くじらプロジェクト・トイレプロジェクト・かごしま茶×マイボトルプロジェクト・海再生プロジェクト・東日本大震災被災地支援プロジェクトなど，多種多様な活動を行った。2015 年，高崎商科大学において「観光まちづくり基礎」の受講生有志がこれまでの活動を引き継ぎ，新たな活動を展開している。「持続可能な社会」の構築と「観光まちづくり」を組み合わせて，地域社会に軸足をおいた活動を模索し，現在は東日本大震災や熊本地震に対する被災地支援プロジェクトを中心に活動を展開している。

第6章
総合的な学習の時間とESD
―科学的思考で未来を切り拓く―

　あなたは，小学校の総合的な学習の時間（以下，総合的学習）にどのような「内容」を学んだだろうか。身近な自然環境や地球環境問題，バリアフリーや福祉施設の訪問，地域の暮らしや伝統・文化，海外の人や学校との交流など，学年によってさまざまなテーマについて学習してきたのではないだろうか。では，その内容についてどのような「学び方」をしたのかを思い出してほしい。たとえば，地球温暖化など与えられた課題についてインターネットで調べ，それをまとめて発表した人もいるだろう。また，米づくりのなかで害虫が発生し，クラスのみんなで対策を相談して問題を解決した人もいるかもしれない。そこで考えてみたいのだが，総合的学習のねらいは，自ら課題を見つけ，自ら学び，自ら考え，主体的に判断し，よりよく問題を解決する「資質・能力」を育てることにある。この資質・能力を子どもたちのなかに育成するためには，どのような授業を総合的学習のなかで展開することが必要なのだろうか。はじめに，総合的学習を組み立てる視点として有効とされるESDについてみていく。

6-1　総合的な学習の時間とESD

　1998（平成10）年の学習指導要領の改訂において新設された総合的学習（総合的な学習の時間）は，各学校における教育課程上必置とされ，標準授業時数およびその趣旨やねらいなどが定められた。総合的学習のねらいは上述のとおりであり，各学校が地域や学校，児童の実態などに応じ，横断的・総合的な学習など創意工夫を生かした教育活動を行うことが求められている。

　また，ESDは持続可能な開発のための教育と邦訳されるが，持続可能な社

会の担い手を育む教育と解釈することができる。高等学校や中学校，そして小学校の教科書にも持続可能な社会という言葉をみることができ，ESD の視点は学校教育のなかにすでに取り入れられていると考えられる。

　文部科学省（以下，文科省）は，次期学習指導要領改訂に向けた諮問（2014年 11 月）のなかで，新しい時代に必要となる資質・能力を育成する世界的な取り組み事例の 1 つとして ESD をあげている。ここで文科省が注目するのは ESD の「学びの視点」であり，具体的には「知識の伝達に偏らず，学ぶことと社会とのつながりをより意識した教育を行い，子供たちがそうした教育のプロセスを通じて，基礎的な知識・技能を習得するとともに，実社会や実生活の中でそれらを活用しながら，自ら課題を発見し，その解決に向けて主体的・協働的に探究し，学びの成果等を表現し，更に実践に生かしていけるようにすることを重要としている」点である。このようにみると，ESD と総合的学習が育成をめざす「資質・能力」と「学びの視点」には共通する部分が多い。

　2016（平成 28）年 8 月 26 日に出された中央教育審議会（以下，中教審）の「次期学習指導要領等に向けたこれまでの審議のまとめ」（以下，審議のまとめ）においても「ESD の視点からの教科横断的な学習を一層充実していくにあたり，総合的な学習の時間が中心的な役割を果たしていくことが期待される」とされ，その関係の強さが示されている。

　ESD の推進拠点として位置づけられたユネスコスクール[1]では，ESD カレンダーの活用などを通して，総合的学習を中心に教科横断的・総合的で探究的な学習になるようにカリキュラム全体を見直す実践事例が多数報告されている。

　さて，それらをふまえ本章では，筆者が小学校の総合的学習で取り組んでいる，児童主体の問題解決学習の授業をモデルとして紹介する。同時に，中教審の議論や文科省が示す育てるべき資質・能力と具体的な取り組み事例を照らし合わせながら，ESD の「学び方」と「内容」について考えていくことにする。

　なお，筆者はもともと専門が生態学であるため，小学校での授業は地域の自然に関する生態研究を基本として組み立てている。また，外部講師として授業にかかわりながら，実際には学習コーディネーター，ファシリテーターとして

のあり方を現場の教員に示す役割も果たしている。

　読後にあなたが，自分自身のESDのイメージをつくるための1つの素材となるよう，理論的な話よりも，学校教育になるだけ沿ったかたちで話を進めていく。その際，「対話」というキーワードにも注目してほしい。

　では，主体的な問題解決学習における，最初の「自分事の課題」を設定する指導について，まず考えていく。

6-2　どうしてゴミを拾うのか

　筆者が大学で担当している環境教育論の受講者に尋ねると，総合的学習でゴミ拾い活動をした経験がある学生が非常に多い。その学生たちに，そのとき，どうしてゴミを拾おうと思ったのかを重ねて尋ねると，多くの場合「そんなことを考えたことはなかった」という返事が返ってくる。ゴミを拾う活動といっても学校や教師が設定する教育的なねらいはさまざまであり，子どもたちにつけたい資質・能力に応じてさまざまな展開が考えられる。学生たちのゴミ拾いもそれぞれ，教育的なねらいがあったことだろう。では，ゴミを拾う活動を通して「自ら問題を発見し，その解決に向けて主体的・協働的に探究する」力を育むためには，どのような授業の展開が考えられるだろうか。

　筆者が授業をサポートしているM小学校でも，4年生の総合的学習でクラスの一部の児童がゴミ拾い活動をしたことがある。1,2学期の授業で，地域の自然のなかから自分の知りたいテーマを見つけ，探究活動を続けた児童たちは，3学期に地域の自然に対して自分たちができることを考え話し合った。1，2学期の探究活動で地域の自然がおおむね保たれていることに気づき，現状の自然を維持するための活動をすることを決めた子どもたちは，それぞれ活動内容を考えた。そして同じ考えをもつ児童が集まりグループをつくった。そのうち探究活動の際に気になっていた用水路のゴミを拾う活動に決めたグループの児童たちは対話をしながら全員で計画を決め，スケジュールを調整して休日に学校に集まりみんなでゴミ拾いを実行した。このとき担任の教師は，話し合いはすべて児童に任せ，話し合いの結果を対話しながら丁寧に聞き，それぞれの活

動をサポートした。

　学生たちが体験したゴミ拾い活動と見た目は同じゴミ拾い活動であるが，M小学校の児童に「どうしてゴミを拾うのか？」と尋ねれば，明確な答えが返ってくるだろう。ここがポイントである。活動に至るまでに時間をかけて自然を探究するプロセスを経ることで児童たちの地域の自然に対する興味・関心が高まり，自分事の課題としてゴミを拾う動機が生まれ，その実行のために他者と話し合い，協力し，ゴミ拾いが実現したのである。そうなれば，児童たちにとってゴミ拾いは与えられた課題や作業ではなくなる。

　このように，M小学校の総合的学習では，児童が問題を自ら発見し，その解決に向けて主体的・協働的に探究する場の設定とその指導は，ねらいどおりのものとなった。それではその際，教師はどのような指導をしたのだろうか。それを考えるために，課題を自分事にするための「学びの動機づけ」についてふれておこう。

6-3　学びの動機づけ

　次期学習指導要領改訂の議論のなかでESDが注目されているのは，これからの時代に求められる資質・能力の育成にESDが有効な教育プログラムであることを示す成果が，ユネスコスクールなどの実践から蓄積されてきたためである。

　中教審の「論点整理」（2015年8月）では，アクティブ・ラーニング（課題の発見と解決に向けて，主体的・協働的に学ぶ学習）について，「こうした学びを推進するエンジンとなるのは，子供の学びに向かう力であり，これを引き出すためには，実社会や実生活に関連した課題などを通じて動機付けを行い，子供たちの学びへの興味と努力し続ける意志を喚起する必要がある」としている。「論点整理」のアクティブ・ラーニングに関する議論のなかで，動機づけと学習プロセスの関係などに関する研究例として紹介された鹿毛（かげ）雅治（慶應義塾大学）は，内発的動機づけは，深い理解，原理と事実の統合，議論を発展させるための証拠・根拠の活用力などといった成果につながることを示している。

「内発的動機づけ」は大学ですでに学んでいる人もいるかもしれないが，アクティブ・ラーニングの成立に大きく影響する最も重要な要素の1つと考えられる。この「内発的動機づけ」に重点をおいた授業研究の具体例は，ESD 先進校の東京都の八名川小学校（手島利夫校長）にみることができる。

　八名川小学校ではユネスコスクールとなった2010（平成22）年より学校全体（ホールスクール）で ESD 研究に取り組むことで「生きる力」を育むための学びの質の向上を図ってきた。八名川小学校は，ESD カレンダーを活用して総合的学習を核として教科領域をつなぎ，教科横断的な学習による学びの構造化（カリキュラム・マネジメント）を進めたのである。同時に，子どもたちが学びたいという気持ちになるように，教師が内発的動機づけを行うことを「学びに火をつける」と称し，学校全体でその重要性を共有して研究を重ね，教師一人ひとりが児童たちの主体的学びにつながるように創意工夫しながら授業の改善を続けている。それは，課題を与えるのではなく，「どうして？」や「どうやって？」など疑問をもつような働きかけをし，あたかも子どもたち自身が課題を見つけたかのように導くことである。そして，子どもたちの知的好奇心が刺激され，わくわくしながら，知りたい，学びたいと自然に思えるように仕組むことである。この学校での教師の役割は明らかに，知識の伝達者ではなく，児童たちの思考をアクティブにするファシリテーターでありコーディネーターである。ひとたび学びに火がついた児童たちは，自らの課題を追求し，自分が調べてわかったことを自分たちの言葉で，多くの人に伝えたくなる。八名川小学校の児童たちの生き生きとした取り組みの様子は同小のホームページなどで紹介されている[2]。

　さて，ESD が教育である以上，学校教育のなかでの位置づけをしっかりとして，教育の目的とその方法を明確にする必要がある。では，たとえば ESD によって児童に，自分で課題を見つけ解決しようとする力をつけるのが目的なのであれば，実際にどのような授業を組み立てればよいのだろうか。この点について，筆者が14年前から現在も継続して取り組んでいる，沖縄県の離島の小学校の事例を紹介しながら考えていきたい。

6-4 探究プロセスと学び―沖縄の小学校における科学的なプロセスを重視したケラマジカ研究

　事例の紹介に先立ってまずはじめに，生態学が専門でケラマジカ（写真6.1）の研究者である筆者が，いったいなぜ小学校のESDにかかわるようになったのか，そのいきさつを説明することから始めたい。沖縄県那覇市の西方に位置する慶良間諸島。ここに生息するケラマジカを調査するために，筆者はかれこれ20年以上前に初めて座間味村を訪れた。その後，調査のために座間味村への訪問を繰り返すなかで，村立小学校の1つである慶留間小学校から教育委員会を通じ，児童にケラマジカ研究を紹介してほしいという依頼を受けた。それが，学校とのかかわりの始まりである（写真6.2）。

　2004（平成16）年から本格的に慶留間小学校と取り組んだ総合的学習の特徴は，子どもたちが1年間かけてじっくりとケラマジカについて科学的に生態研究をする点にある。研究テーマはあらかじめ与えられることなく，子どもたちは担任や専門家とともに森を歩き，「なぜ？」（気づきや疑問）を見つけることから始まる。そして，見つけた「なぜ？」のなかからテーマを決めていくのだが，テーマが決まるまでに何度も森の散策を繰り返す（写真6.3）。その過程は毎回記録し，それをもとにテーマはしぼられていく。

　テーマが決まれば予想を立て，いろいろなアイデアを出し合いながら子ども

写真6.1　探究の素材となるケラマジカ

写真6.2　慶留間小学校

たちが実験や観察の方法を決めていく。こういった場合に教師は，実験や観察がよりうまくいくようにと，ときに必要以上の指導をしがちである。しかし，この授業では，教師は対話を通して子どもたちの頭のなかにあるアイデアを引き出すように働きかけ，思いついたテーマのなかから子どもたちでできるような方法へと導くことはするが，基本的には子どもたちの発想にまかせて実験・観察を行う。そして，ここでは実験・観察でうまく結果が出ないことは許されている。なぜなら，この授業は，シカの知識

写真6.3 「なぜ？」はどこにでもある

を増やすことやシカ研究の専門家を育てることが目的ではなく，子どもたちが科学的プロセスのなかで試行錯誤をしながら「自ら課題を見つけ，主体的・協働的に解決しようとする力」を育成していくことを目的としているからだ。また，成果から解放されることが，子どもたちの主体的取り組みに与える影響は大きい。

　児童の知りたいという自らの欲求に基づくプロセス重視のこの学習は，単発の自然観察会では得がたい，自然への洞察力や科学的思考を身につけることにつながる。子どもたちは，1年間積み重ねたケラマジカ研究の成果を，学内での学習発表会などを経て，沖縄県の生物の専門家が一同に会する学会で発表する。沖縄生物学会の配慮によって小学生が発表する時間枠が設定され，多いときには100名近くの研究者を前にすることもある。だがこのようなプレッシャーが強くかかる状況においても，どの児童も自信をもって発表し，発表後に専門家から出される予期せぬ質問に対しても自分の考えを自分の言葉で伝えることができる（写真6.4）。2007（平成19）年以来，沖縄生物学会で毎年繰り返されてきた光景の1つである。

　ところで，この授業では地域の自然教材として天然記念物のケラマジカを用いるが，子どもたちに求めているのはケラマジカのような特別な生き物の研究

成果ではなく，科学的なプロセスをしっかりと経験するということである。したがって，上述したM小学校のように，学校の周りの身近な自然を使ってもまた科学的な問題解決学習を行うことが可能であり，それによって主体的に学ぶ姿勢やコミュニケーション能力はきちんと子どもたちに育成される。つまり，紹介した事例は沖

写真 6.4　こんなに堂々と発表できるのは「なぜ？」

縄のケラマジカのいる小さな島の小さな学校の特異な話ではなく，あなたの地域の学校でも，目的と方法が明確であれば，身近な自然を使うことで実現が十分に可能な授業である。

　それでは，子どもたちの「知りたい」という気持ちを引き出すため（子どもの学びに火をつけるため）に，専門家としてどのように子どもたちに相対すればよいのだろうか。外部のシカ研究者として小学校のESDにかかわることになった筆者は，現場の教師とともに学び，試行錯誤し，そして現在の指導法に行き着いたのであるが，その経緯を紹介したい。

6-5　教えること・教えないこと―知識を使う楽しさ

　慶留間小学校からの依頼で，初めて総合的学習に外部講師として呼ばれたとき，私は専門家として，ケラマジカのことを知らない子どもたちにたくさんのことを教えてあげようと意気込んで授業に望んだ。シカを生体捕獲して発信器を装着すること，電波を追うことで見えないシカの生活の様子がわかること（写真6.5），DNAを調べると日本のどの地域のシカに近いかがわかることなど，専門的なことをいろいろと教えた。子どもたちは聞いたことや調べたことを，きれいにポスターにまとめて学習発表会などで発表した。しかし，これらの学習はまったくといっていいほどに深まりをみせなかった。理由を考えてみれば

簡単である。この学習には子どもたちが思考力や判断力を必要とする場面は一切なく，ケラマジカに関する知識や情報を一方的に受け取るだけのまったくの受け身の授業になっていたからである。この時点では筆者は外部の専門家として子どもたちに知識の伝授を行っ

写真 6.5 専門家の想いは学びを深めるか？

ていたにすぎず，その立ち位置は学校からかなり離れたところにあったといえる。

　そこで担任との対話を通して総合的学習のねらいと照らし合わせながら，ケラマジカ学習の目的を確認し，子どもたちが主体的・協働的に問題を解決していく授業形態へと修正を加えた。学習の柱としたのは，ケラマジカについて個人テーマを決め，仮説を立てて検証し，まとめて発表するといった一連の科学的なプロセスを体験させることである。結果として前節で紹介したように，子どもたちは主体的・協働的にケラマジカの研究に入り込み，もてる知識・技能を駆使して思考・判断を行い，まとめ，発表を通して他者との対話を経験し，学びはどんどん深まっていった。その成果が学会発表へとつながっている。まちがってはいけないのは，学会発表を目的とするのではなく，子どもたちの学びが深まったその結果が学会発表だということである。この学会発表は，総合的学習という場で子ども一人ひとりが，理科や算数，国語などの教科や，日々の校内での意見発表指導，地域の行事，体験活動など，あらゆる授業や体験から習得した知識や技能を駆使して学びが深まることではじめて意味のある実現につながる。このことが横断的・総合的な授業が意味するものであり，それらの相互作用で各教科の学びも深まっていくのである。そのためには，常にカリキュラムを意識すること，つまりカリキュラム・マネジメントが必要となる。

　さて，こうして学習の目的を深く考えると，授業のなかでのシカの研究者である筆者の役割は，シカに関する知識を細かく教えることではなくなった。子

どもたちといっしょに森に入り，気づいたことを引き出し共有することであり，テーマが決まるとどうやって調べるのかについて一緒に悩む存在となったのである。この時点で，筆者の立ち位置は外部と学校の接する場所となり，知識の単なる伝達者から，子どもたちの学びをアクティブにするファシリテーターやコーディネーターへと役割を変えた。そしてそのことが，子どもたちが授業のなかで主体的・協働的に問題を解決する力を身につけることにつながっていることはまちがいないと感じている。

　主体的な問題解決学習のプロセスでは，まず課題に気づくことが必要である。そのためには"不思議"に気づく感性，いわゆる「センス・オブ・ワンダー」を研ぎすます必要がある。レイチェル・カーソンは，生まれつきそなわっている子どもの「センス・オブ・ワンダー」を失わないためには子どもといっしょに再発見し，感動を分かち合ってくれる大人が少なくとも一人そばにいる必要があるといっている。外部講師としての専門家の最初の役割は，カーソンのいう「そばにいてくれる大人」なのではないだろうか。

　プロセスこそが目的であり，でき上がりには執着しないという慶留間小学校の授業におけるこの学び方・教え方は，沖縄の新聞社である琉球新報社の「新報サイエンスクラブ」へと波及した。琉球新報社と沖縄美ら島財団が2011（平成23）年に開始したこの事業は，沖縄県内の小中学生の「科学の芽」を育むことを目的として企画・実施されているもので，募集の際に，先に紹介した慶留間小学校の児童のケラマジカ研究が研究モデルとして紹介される。サイエンスクラブの大きな特徴は，実験や観察でうまく結果がでなかったことも堂々と発表できることである。ただし，どうしてうまく結果がでなかったかについて考察し，次にどうしようと思っているのかを発表する必要がある。それは，科学的なプロセスを評価するためである。新報サイエンスクラブの取り組みは，その教育的工夫や成果が評価され，文部科学省より平成27年度青少年の体験活動推進企業として審査委員会特別賞を受賞している。美ら島財団や研究者による研究サポート体制に加え，プロセス重視という教育的視点が評価されたのである。

6-6　学校が地域を紡ぎ直す―地域特有のストーリーを創造する

　慶留間小学校の総合的学習では，5,6年生は地域の環境保全について学ぶ。以前は，海の環境保全活動をしていたが，3,4年生のケラマジカ研究との系統性をもった総合的学習にしたいという学校の要望を受け，島で途絶えた鰹節づくりの再現を教材として，シカと森，海をつなぐ「鰹節プログラム」を2008（平成20）年に筆者が開発し学校とともに実践した。地域の特性を活かした教材開発の目的の1つに，地域と学校が連携した教育体制の確立がある。この授業では地域と学校が協議によって対話を重ね，地域の親世代の住民が，燻製のためのリュウキュウマツの切り出し，窯づくりや鰹釣り，鰹節づくりの一連の作業など，児童たちの学びを全面的にサポートした。同時に，サポートした住民たちも実際には鰹節づくりの経験がなかったため，鰹節づくりに興味をもち，島で唯一経験のある90代の住民から話を聞きながら手ほどきを受けて学ぶシーンもみられた（写真6.6）。このように地域の歴史や文化に根ざした内容を学習することは，地域の世代間で途切れていた文化や暮らしを紡ぎ直すことにもつながり，そこに学校が機能することとなる。

　また，慶留間島にとって，児童・生徒の減少と学校の存続とが大きな課題であった。この課題に地域と学校は1987（昭和62）年に学校存続のための協議会を立ち上げ対話を重ねて，これまでも統廃合危機を乗り越えてきた。平成26年度には，慶留間小・中学校が東京からの留学生を受け入れるように制度を整え，その結果，初年度に4人，平成27年度に3人を受け入れ，平成28年度は6人の児童・生徒が慶留間小・中学校で学び，学校は統廃合されることなく維

写真6.6　地域と学校の対話が学びを創造する

持されている。

　2015(平成27)年12月に出された中教審の答申「新しい時代の教育や地方創生の実現に向けた学校と地域の連携・協働の在り方と今後の推進方策について」のなかで，めざすべき学校と地域の連携・協働の姿として，「地域とともにある学校」への転換，「子供も大人も学び合い育ち合う教育体制」の構築，「学校を核とした地域づくり」の推進の3点をあげているが，文科省にいわれるまでもなく，慶留間島にはめざすべき学校と地域の連携・協働の姿がすでに存在している。ただ，理想的に思えるこのような事例にも，次なる課題は生まれる。地域の想いが強すぎてもうまくいかないことがあるということである。その事例を以下にみてみよう。

6-7　学校と外部の接点での「想い」の制御―対話による創造

　鰹節プログラムは，本格的な鰹節づくりや近海での鰹釣りを子どもたちに体験させたいという地域の強い想いもあり，1年目はかなりの時間と労力をかけて実施した。鰹節の焙乾(ばいかん)（煙でいぶしながら乾燥させる行程）だけでも何日もかかるのである。学校は地域のことを子どもたちに学ばせたいという想いと併せて地域の想いにも応えようと，2年目以降も活動を続けるのだが，学校の授業時数の制限や教師の多忙さなどもありプログラムを実施できなくなってしまった時期があった。学校の事情が伝わってこない地域からは，なぜ鰹節づくりをやめたのかという疑問の声もあり，学校と地域の意思の疎通が滞るようになっていた。それらをふまえて，筆者は学校と地域が対話をすることを促し，その対話により解決策が見いだされることとなった。学校と地域をつなぐコーディネーターとして働いたのである。鰹節プログラムは現在，半日で完結するかたちにリフォームしたプログラムを，地域の全面的協力のもとに隔年で実施することで，地域の想いと学校の実情にあった学びの場を再構築することができている。

　ケラマジカについても同様のことがいえる。ケラマジカはその歴史的な特異性から天然記念物として保護されており，学校とかかわった1年目は，筆者は

専門家として保護を前提に授業を進めようとしていた。しかし，他方でケラマジカは地域住民にとって畑の作物を荒らす害獣でもあり，保護と駆除の二項対立に近い状態が地域にみられることも現実であった。貴重な自然環境を保護していくうえで外部専門家の意見は重要である場合が多いが，この状況を緩和するためには，専門家として保護ありきの意見を述べるのでなく，その議論のために必要なケラマジカに関することがらを学校教育で学ぶことこそが必要なのではないかとの考えから，そのサポートをすることを筆者は決めた。なぜなら，二者択一ではない答えを，対話を通して模索し方針を決めていくという，その力が教育によって培われるべきものなのであり，ESD の本質的な目的であるからだ。地域の課題は地域が考える。そのために専門家ができることは何かと考えた結果として筆者が慶留間小学校で取り組んだ総合的学習での教育の 10 数年は，まさに ESD の 10 年と重なるものであった。

　学校教育で ESD に取り組むと，外部講師を招いたり，さまざまな施設を訪問して講義を受けたりする機会が増えてくる。その際に，外部と学校との対話を促し，ときにはお互いの想いを制御することも ESD にかかわる教師やファシリテーター，コーディネーターの大きな役割の 1 つとなる。

　ここからは，外部から学校にかかわる専門家に向けた話となるが，大切な要素を含むので述べておく。希少生物など，貴重な自然環境を保護していくうえで，外部専門家の意見は重要であるが，地域住民にとってそれは外圧と感じられることもあるだろう。持続可能性のある自然保護の実現には，誰よりも地域住民自身がありのままの状況を知り，考え，行動することが必要となる。地域の自然をどうするかの判断は，地域住民に委ねるべきものであり，そのためには，外部専門家はまず，正確に事実を「知る」ことの手助けをすることが必要で，そこでは学校教育における取り組みは重要な鍵となる。ここで大切なのは，自分自身の自然保護への想いの強さから，子どもたちから思考・判断のプロセスを奪い，ゴールを強いる教育（子どもたちにステレオタイプに自然保護をうたわせるような教育）になっていないか，自分たちの取り組みを常に振り返る感覚を失わないことである。そのためにも，また，対話が不可欠だといえよう。

読者のための参考文献

- 中央教育審議会「次期学習指導要領等に向けたこれまでの審議のまとめ」2016年
- 鹿毛雅治『子どもの姿に学ぶ教師「学ぶ意欲」と「教育的瞬間」』教育出版,2007年
- 教育課程研究会編著『「アクティブ・ラーニング」を考える』東洋館出版,2016年
- 多田満『レイチェル・カーソンはこう考えた』筑摩書房,2015年
- 多田孝志・手島利夫・石田好広『未来をつくる教育ESDのすすめ―持続可能な未来を構築するために』日本標準,2008年

注

1) ユネスコスクール：ユネスコの理念を実現するために平和や国際的な連携を実践する学校のこと。文部科学省および日本ユネスコ国内委員会は，ユネスコスクールをESDの推進拠点と位置づけている。日本国内の加盟校数は「国連持続可能な開発のための教育の10年（ESD）」が始まった2005年は20校程度であったが，2015年5月時点で939校となっている。
2) 『南九州大学人間発達研究』第5巻,2015年,pp.95-108にユネスコスクールの八名川小学校におけるESDの取り組みの詳細が，手島利夫校長の講演記録として掲載されている。東京都江東区立八名川小学校 www.koto.ed.jp/yanagawa-syo/esd.html

第7章
農業体験・栽培体験を指導するチカラ

　農業体験や栽培体験に興味があるという人は，子どものとき，地域の農地・農園で農家に指導されて農業体験や栽培体験，学校農園などで体験があり，かつ発展的に地域の農業などを調べる学習した人が多いのではないだろうか。そうした農業体験や栽培体験は，今日では貴重な原体験といえるだろう。これら農業体験，栽培体験を実践するために専門の指導者やファシリテーターが必要となる。皆さんが農業体験や栽培体験のファシリテーターとして，農業や栽培をとおして学校と地域をつなぎ，地域産業などへも発展的に学習を広げていく指導者になるには，農業や栽培の基本的で基礎的な知識と経験とともに体験した子どもの成長する姿を指導観としてもつ必要がある。

　本章では，将来，小学校や中学校の教師や地域再生や活性化をめざして食農体験事業に取り組んでみたいと思う人が，子どもを対象として学校や地域で農業体験，栽培体験を実践するうえで必要と思われる基礎的で基本的な能力（知識と経験）や留意について解説する。

7-1　学習指導要領と農業体験・栽培体験とのかかわりを理解する

　学校教育において農業体験や栽培体験を実践したり，地域が学校と連携して実践を展開したりする場合，学習指導要領における位置づけを理解する必要があるだろう。ファシリテーター自身に農業の大切さ，栽培体験の大切さについて理解してほしいという思いが強すぎると，児童・生徒の何気ない言葉や感想をネガティブに受けとめ，地域と連携しても徒労感に見舞われることもある。児童・生徒に興味・関心を抱かせ，原体験として記憶にとどめてもらうには農業や栽培に関する体験を通して，児童・生徒が主体者として成長し，地域や地

域の産業を担ってくれる存在に成長してくれるという手ごたえをファシリテーター自身が得ることが必要である。それによって，結果として農業の担い手や地域の担い手，農業の理解者，地域の理解者が養成される。その第一歩として，学校教育で教育内容を規定する学習指導要領を理解することが重要といえる。次期学習指導要領では，いかに知識を習得させたかというコンテンツベースの評価から，いかに思考力，判断力，表現力を身につけたかというコンピテンシーベースの評価に代わることになっている。これらの能力を育むために行う能動的で協働的な学習活動が"アクティブ・ラーニング"と呼ばれている。この学習活動には，発見学習，問題解決学習，体験学習，調査学習，グループ・ディスカッション，ディベート，グループ・ワークがあげられる。しかし，これらをただ実践してもアクティブ・ラーニングを体現することにはならない。"学びあって活動なし""活動あって学びなし"ではなく，"学びあって活動あり""活動あって学びあり"という学習が必要であり，これには主体的で対話的な"深い学び"が求められる。

　農業体験や栽培体験が各教科とも連携し，横断的に取り組まれるには，それぞれの教科の目標や内容を理解する必要がある。これまで農業体験や栽培体験の教科連携は，社会科や道徳科との連携が多かったのだが，農業や栽培が自然環境を土台とした人間のたゆまない働きかけによって形成されてきたことを念頭におくと，理科や算数との連携も重要といえるだろう。たとえば現行学習指導要領の「小学校理科」では次のような目標が示されている。

> 自然に親しみ，見通しを持って観察，実験などを行い，問題解決の能力と自然を愛する心情を育てるとともに，自然の事物・現象についての実感を伴った理解を図り，科学的な見方や考え方を養う。

　「見通しを持つ」とは，「児童が自然に親しむことによって見いだした問題に対して，予想や仮説をもち，それらを基にして観察，実験などの計画や方法を工夫して考えること」である。この見通しによって，観察や実験が意欲的なものになることが期待される。観察や実験を行い，結果について相互に話し合う

なかで，科学的見方や考え方をもつ過程が問題解決の過程としてとらえられ，「問題解決の能力」が育成される。また，観察や実験は生命の連続性や神秘性に思いをはせたり，自身との関係を理解したりすることによって，生命を尊重し，「愛する心情」を育てることができる。このように具体的な体験は「実感を伴った理解」を図り，主体的な問題解決を喚起し，自身の生活との関連を理解し，理科の意義や有用性を実感することができる。これによって，人間社会が積み上げてきた科学の実証性，再現性，客観性に基づく「科学的な見方や考え方」が養われる。

つぎに，各学年の内容構成をみていこう。小学校理科の内容区分は，大きくA 物質・エネルギー，B 生命・地球の 2 つに区分される。農業体験や栽培体験に関係が深い内容は，B 生命・地球で多くみられる。生命は"生物の構造と機能""生物の多様性と共通性""生命の連続性""生物と環境のかかわり"に分類される。内容の構成は表 7.1 に示す。

小学校でのこれらの学習は，中学校理科において，第 1 学年では《植物の体のつくりと働き》《植物の仲間》《生物の観察》，第 2 学年では《生物と細胞》《生物の変遷と進化》，第 3 学年では《生物の成長と殖え方》《遺伝の規則性と遺伝子》《生物と環境》《自然の恵みと災害》《自然環境の保全と科学技術の利用》へと発展していく。

さらに中学校技術・家庭科技術分野生物育成では，《生物の生育環境と育成技術》《生物育成に関する技術を利用した栽培又は飼育》において育成に適する条件，育成管理方法，技術の適切な評価，活用，目的とする生物の育成計画と栽培，または飼育を行う。

これらの学習指導要領をみると，農業や栽培の基礎，基本は小学校から中学校までの"理科"で既習していることを土台にしていることに気づくのではないだろうか。その発展として高等学校の理科も位置づいている。農業や栽培の技術を習得するとは，小学校から中学校，そして高等学校までの理科の知識をまず使えるようにすることであり，具体的には植物にとって水，温度，光や土壌や肥料の意味，栄養成長，生殖成長，光合成，呼吸などの知識を活用して植

表7.1 小学校理科「生命」の内容構成

学　年	生物の構造と機能	生物の多様性と共通性	生命の連続性	生物と環境のかかわり
第3学年	《昆虫と植物》 ・植物の成長と体のつくり			《身近な自然の観察》 ・身の回りの生物の様子 ・身の回りの生物と環境とのかかわり
第4学年		《季節と生物》 ・植物の成長と季節		
第5学年			《植物の発芽，成長，結実》 ・種子の中の養分 ・発芽の条件 ・成長の条件 植物の受粉，結実	
第6学年	《植物の養分と水の通り道》 ・でんぷんのでき方 ・水の通り道		《生物と環境》 ・生物と水，空気とのかかわり ・食べ物による生物の関係	

出所：『小学校学習指導要領解説理科編』文部科学省，2008年

物（作物）の成長を見定めることといえる。

7-2　作物（植物）を育てるための基礎知識を習得する

　現代の農業における栽培技術は，それぞれの地域において作物が安定的かつ均一的に，多収高品質に栽培できることが念頭におかれている。ここで皆さんに理解してほしいことは，農家が実践する農業（技術）と学校での農業（技術）とでは同じ「農業」を行っていてもその目的にちがいがあるという点である。日本では，まだ多くの農家は農業が生業であり，農地（里山，風土，作物）に

向き合い生活を成り立たせている一方，市場（社会，経営）にも目を向け，その動向に対応するため栽培技術を適応させ，向上させている。

　日本の農業は伝統的に経営規模が零細で，国際競争力が弱く，保護される対象とみられているが，グローバル社会に対応するため，規模拡大を図り，企業的経営も導入しながら，経営を成り立たせている例もある。日本農業は個々の経営志向により，家族経営的な零細農業から企業的な大規模経営まで多様に存在している。日本農業のあるべき姿はさまざまな視点で語られるが，筆者は多様な経営体が重層的に存在できる基盤を維持してこそ，生き残っていけると考えている。

　そうした「農家の農業（技術）」に対して「学校の農業（技術）」で求められるのは，農業技術の教育的利用であり，農業体験や栽培体験を通じた児童・生徒の成長（人格形成）の視点である。地域と連携して農業体験，栽培体験を実践する場合，地域の指導者，農家が児童・生徒の成長をどのように学校側と共有しているかが問われることになる。これらの共有を十分に行わずに，学校と地域，農家が短絡的に農業理解と称して実践展開している例が散見される。これでは体験の場がいくら楽しくても，児童・生徒の成長とは結びつかず，短期的理解に終わり，作物の成長を自身の興味関心と重ねて科学的思考や関心，態度を形成することはむずかしいといわねばならない。「農家の農業（技術）」から子どもたちが成長するために必要な"農業（技術）"を抽出する必要がある。作物の成長を自身の興味関心と重ねてさまざまな思考を伸ばす技術が"学校の農業技術"（あるいは"学校の栽培技術"）といえるだろう。

　このように整理したうえで，あらためて作物の成長とは何かを"農家の農業技術"と"学校の農業技術"の2つの視点から整理してみよう。作物の成長（生育）は，播種（種まき）から開花まで，主に植物体をつくる時期（栄養成長期）から，開花後，結実し，成熟，収穫する時期（生殖成長期）に大きく分けられる。野菜類のなかには，コマツナ，ホウレンソウなどの葉菜類やダイコンやニンジンなどの根菜類は栄養成長期のみで収穫する。ジャガイモは，生殖成長の結果としてイモが収穫できているわけではない。ジャガイモは茎が肥大し

たものであり，栄養成長器官が肥大したものだ。トマトなど，果菜類の多くは，栄養成長と生殖成長が同時進行する。これらは，それぞれ原産地とされる地域の気象条件に適応しながら進化してきた作物が人間に選抜されながらともに進化してきた姿といえる。これらは大航海時代など，さまざまな機会を通じて人によって拡散し，それが日本に持ち込まれ，さらに発展してきたものである。よって，原産地とはちがう生育期間やこれに伴う栽培技術が生み出される結果になり，南北に長い日本ではとりわけ地域ごとの多様性に富んでいる。これらは明治時代から勧農政策により，都道府県ごとに農業試験場や農業改良普及所が設置され，新品種の育成や栽培方法の確立と改良普及が展開される体制が整備され，現在も農業の近代化に重要な役割を果たしている。

　これらは"農家の栽培技術"に属する領域だが，これらを念頭に"学校の栽培技術"は多様な教育内容や教育方法を求めることになる。"教育内容や方法は学校"で，"実践内容や方法は農家や地域"でという整理の仕方もできるが，農家の思惑と学校の思惑が分離した"学校が農家に依存する体験学習"から脱却し，"学校と農家が（真の意味で）連携する体験"を実現しなければならない。

7-3　学校教育で多様な教科に横断するため土台として学習指導要領理解

　学習指導要領と"農"や"食"との連結，時期等の配置などを考える場合，宮城教育大学がユネスコ・スクールのアジア交流プロジェクトで作成したESDカレンダーが参考になる。図7.1に小学校版，図7.2に中学校版を掲示した。

　宮城教育大学の事業は"ライス・プロジェクト"として，学校と地域連携のみならず海外の学校や地域との国際交流の機会として活用されたものだ。国際交流をはかるのに水稲を利用した背景は，日本のみならず，アジア地域の国々で水稲を主食とした栽培が行われ，異文化のなかでも共通の認識を得やすい事項といえる。主食として食文化の中心に位置づきながらも，地域ごとに異なる風土から類似点と差異点を理解し，国際理解を進めるのに役立つと考えられているためである。

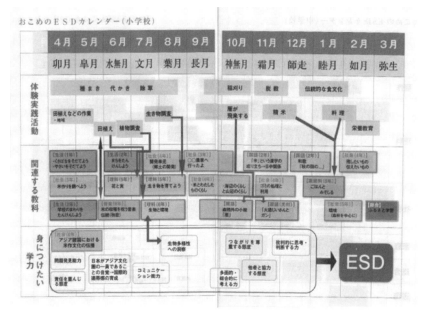

図 7.1　小学校版 ESD カレンダー
出所：ASPUnivNet「お米プロジェクト報告書　お米から環境・暮らしを学ぶ」宮城教育大学，平成 23 年度日本／ユネスコパートナーシップ事業から転載

　注意すべき点としては，日本も北は北海道から沖縄まで水稲栽培が可能だが，気象条件のちがいから，栽培法や使用品種など差異がみられる。宮城教育大学の ESD カレンダーは宮城県の気候風土に合わせたものであって，他県でこのカレンダーがそのまま使用できるものではない。

　各都道府県の気候風土と栽培法，使用品種などに留意しながら，宮城教育大学の ESD カレンダーをもとにして，それぞれの地域のカレンダーを作成することが望ましい。栽培に関する経験が不足している場合は，地域の JA や都道府県の普及指導所，農業研究センター（各都道府県で名称は異なる）に問い合わせるのがよい。

　そのうえで，宮城教育大学の ESD カレンダーをみていく。小学校版は上段に体験実践活動が掲示され，水稲の体験活動が時期ごとに列記されている。これに対して中段に関連する教科，下段に身につけたい学力が列記され，矢印で

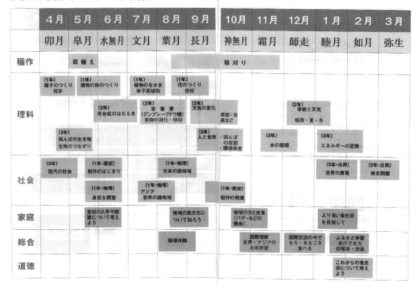

図7.2 中学校版ESDカレンダー
出所：図7.1と同じ

関連が示されている。とくに，中段の関連する教科の時期などに留意し，学習指導上の位置づけに配慮しながら連携を進めることが重要になる。

つづいて，中学校版は最上段に稲作の作業が簡単に記されている。2段目以降理科，社会，家庭，総合，道徳の単元が列記されている。連携する学校において，どの教科と連携を密にするか。そこでめざす共通の学力は何かをしっかり調整し，連携を進めることが肝要となる。

7-4　"農"の体験を通した学校と地域の持続的な連携と農業技術

"農"に関するファシリテーターとして，地域には農業者や農に関する専門知識を有する人材もいるが，いっぽうで，地域おこし協力隊など，農業の専門家ではない人材が，学校と地域の橋渡し役として活動する機会も増えている。

学校と地域の橋渡しをする場合，"農"に関する多様なイメージを整理する

必要があり，ワークショップはこれらの助けになる（章末のコラム参照）。こうしたイメージの共有化を行ったうえで，学校と地域が連携していく場合，学校教育の学習指導要領の理解とともに，そこから育む児童・生徒の学力観を学校と地域の双方が共有することが重要である。"農"の実践を地域や農業関連団体が実施する場合，学校の状況を理解せず，農業理解を前面に押し出されている事例が多く散見される。これでは学校と地域の連携は長続きしない。児童・生徒が"農"の体験を通じて，どのように育ってほしいのかを共有することが重要である。

そのうえで，学校と地域を結びつけて実践を展開する指導者は，栽培の知見や経験をもとにして科学的思考を伸ばすことや農学，農業経済学への興味関心を高めることを教育目的にする場合，前節までの取り組み以外に，より専門的な知見と経験を積む必要がある。紙面の都合上，概要を記載するにとどめるが，まず栽培に関する基本的知見と経験を有しない場合は，農業高校の「農業科学基礎」に記載されている内容を修得することを勧める。このレベルの知見を修得したかどうかの判断は，日本農業検定協会が実施している農業検定2級の取得をめざすのが無難だろう。この2級は農業高校レベルとはいえ，この知見を有していれば，小学校における栽培学習，中学校における生物育成の理論上の指導が可能である。

「農業科学基礎」は農業高校の教科でもあり，教科書も存在するが，入手ができない場合は，堀江武編著『作物栽培の基礎 新版』（農山漁村文化協会，2004年）を参照されたい。

農業検定2級レベルの知見を有しても，栽培指導ができるほど簡単ではない。改めて前節のライス・プロジェクトで紹介している水稲栽培から取り組むことを勧めたい。水稲は農学のなかでも生理生態を含めて最も解明が進んでいる作物の1つであり，JAや都道府県の農林行政，農業試験研究機関に相談しやすい作物である。それぞれの地域の気象条件との関連も理解しやすく，かつ自然条件に併せて，じつに素直に生育してくれる作物なのである。学校教育においてはバケツ稲の実践や農家と連携した田植え体験，稲刈り体験などでおなじみ

である。しかし，栽培するだけでは，小学校，中学校ともにESDカレンダーにおいて教科と連動させていく場合，社会科や道徳科との連結に収束しがちである。理科や算数（数学）などと連結する場合には，より多様な栽培比較試験を展開できる指導力が求められる。このときも，児童・生徒の育みたい学力への視座を忘れてはならない。改めて，"農業者（農家）の栽培技術"と"学校の栽培技術"はちがうものである。"学校の栽培技術"は児童・生徒のさまざまな学力を伸ばしながら，主体性や協調性，自律性，自立性などを育むための技術であり，科学的思考を伸ばすための各種栽培比較を土台に展開されるものである。このために，発展的で多様な指導を展開する場合，水稲の栽培比較を試行錯誤の経験が必要になる。

> 読者のための参考文献
- 堀江武編著『作物栽培の基礎』農山漁村文化協会，2004年
- ASPUnivNet「お米プロジェクト報告書 お米から環境・暮らしを学ぶ」宮城教育大学，平成23年度日本／ユネスコパートナーシップ事業
- 七戸長生・永田恵十郎・陣内義人『農業の教育力』（食糧・農業問題全集⑧）農山漁村文化協会，1990年

＜コラム＞ 農はどのような領域から構成されるか
―農のワークショップを通して―

読者の皆さんは，"農"はどのような領域を基礎基本に形成されていると考えているだろうか。農にはさまざまな用語が存在し，多様なイメージがある。ここではまず，東京近郊の農業高校において実践した"農のワークショップ"について紹介する。このワークショップは1年生を対象とした「環境科学基礎」において，導入として展開したものである。

背景は文部科学省が推進している特色ある学校づくりにおいて，都市近郊の農業高校では農業に直接関連する業種（ここでは農林畜産業，農業協同組合などの業種をさ

す）の人材養成のみならず，関連産業（ここでは食品産業，動植物飼育，愛玩動物の美容（トリマー）などの業種をさす）の人材養成を担うようになっていることがあげられる。これは，生徒が農家出身である者よりも，農家以外出身の生徒が大勢を占めていることが多くなっていることが理由にあげられる。多様な人材の養成へと農業高校の社会的役割が拡大していきながらも，その基礎基本は"農"である。"農"に関する多様な専門科目を受講していくうえで1年生の基礎段階で"農"のイメージを共有し，高等学校で学習する教科へと連結させ

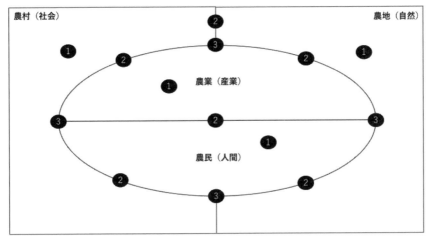

図7.3 "食農"ワークショップ基本図

てとらえることは重要になる。これは，農業高校の生徒のみならず，農の体験を通じて学校と地域をつなぐ実践にかかわる人材にとっても重要な視点であると考えられる。

そこで，このワークショップ（グループ学習）の方法について解説する。基本的には，4〜5名程度で1グループを形成する。そして"農"からイメージされる用語を付箋に1人5〜6枚程度自由に書き出させる。これら付箋は最初の段階（第一段階）で1グループにつき20〜30枚程度提示されることになる。次の段階（第二段階）として，これら付箋の分類を進める。このとき，分類配置の基礎となる"農"の領域を大きく4つに設定することで，現代の"農"の整理と仲間の意見，イメージを整理しやすくする。

その4つの領域は，①自然領域（農地），②社会領域（農村），③産業・経済領域（農業），④人間領域（農民）とする。この4領域は模造紙に，図7.3のように図示する。グループのメンバーは付箋に記載した用語のイメージを説明しながら，自身が考える領域に貼り出していく（1領域単独：❶）。

このとき，4つの領域に明確に分ける必要はない。複数の領域に跨る用語が出てきた場合，これらは2つの領域や3つの領域を横断させて貼り出す（2領域連動：❷，3領域連動：❸）。

注意事項としては，ほかのメンバーは聞き役に回り，説明者の意見に異議を唱えてはいけない。次の段階（第三段階）として，グループメンバーの説明を通じて，思い至った用語（付箋）を追加する。とくに，複数領域にまたがる用語がなければ検討を加え，新たに貼り出し，既存用語（付箋）を移動させる。実際の"農ワークショップ"の成果を図7.4に例示する。これをもとにグループのメンバーは"農"のイメージを整理してレポートにして提出する。

これには，さらに発展系がある。追加で"食ワークショップ"を実施し，同様に4領域に分類して，"食"を整理し，総体化

する。この"食"と"農"の2つの構成図を取りまとめることにより，"食"と"農"の連続性，連動性を理解する"食農ワークショップ"として実施することもできる。事例を図7.5に示す。

このように"農"のもつ連続性や連動性を理解することは，本章のテーマとなる"農"に関する体験学習などを展開するうえで，それぞれの教育実践現場で地域や学校をつなぐ発想の土台になる。

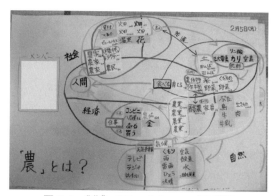

図7.4 "農"のワークショップ実践例

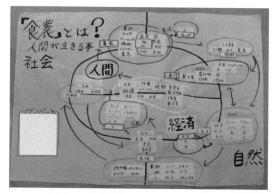

図7.5 "食農"ワークショップ事例

第 8 章
学校を基軸とした地域の ESD 推進とその課題

　本章では，著者が実際に学校への ESD 導入事業などで現場に入り，それを通じてみえてきた現在の地域と学校の実情について，具体的事例を紹介したあとに，その課題について読者とともに考えることを提案する。読者であるあなたが，将来教師をめざそうとするにせよ，地域住民として地域課題に向かうにせよ，ワークショップの進行や知識ある専門家としてかかわるにせよ，協働においてはそれぞれの立場を理解しなくては先に進めず，志半ばで立ち止まってしまうことが多いだろう。

　実際に教師も，地域住民も，専門家も，お互いの事情を意外と知らない。また各々の立場や事情は，時代，地域，さらには学校区により異なると思われ，様相は複雑である。未来の人を育てる ESD に取り組むためには，地域と学校が総がかりで取り組むことが前提なのであるが，そのためには少しでもお互いの立場を理解し，それを超えたうえで目標を設定し，「共通語」を用いて対話することが重要である。

　本章においては，とくに学校の立場を理解するところから「共通語」の探り方を見いだすことに挑戦し，「持続可能な地域と学校」の一端を具体的にイメージしてみたい。

8-1　長野県という地域と公立学校

　本章では，学校教育と地域指導者よる授業づくりの実践から議論を発展させる。まずは事例地域となる長野県の概要と教育事情を取り上げたうえで，持続可能な地域づくりに向けた教育への協働のあり方を考えたい。

　長野県はその立地から県内の多くが寒冷地であり，長野・松本にある 2 つの

大きな盆地と川筋を中心に発生した市町村で構成される山国である。農村が身近であり，明治時代から信州の独自教育が模索された。現在の学校にもこの独自性は根付いており，全員で3000m級の頂をめざす学校登山，ノートの全面に漢字を書き連ねる白文帳，各自が心を静めて行う無言清掃などの教育スタイルが今もみられる。学校祭や発表会が地域ぐるみのところは多く，実際に全国と比較して地域活動への参加率は高い。40年以上前は当たり前だった小中学校の田植え・稲刈り休校といった牧歌的風景は今でこそないが，地域の地縁組織はいまだに強く，町会や消防団，行政や公民館などとつながり，伝統的な祭りなど行事の継続や，農業体験など協力開催の記事が，連日地元新聞に散見される。いっぽう，市民活動など志縁組織は，全体的に地域との連携は途上傾向だ。長野県は都市との交流が盛んであり，地域の人といってもじつは多様で，昔からの住民もいれば，職業転入者，憧れて移住した新住民も多い。

　しかし，このような農山村の学校でも不登校の問題は話題となる。「H27年度グラフで見る長野県の教育」（長野県教育委員会）によれば，帰宅後の学習習慣は全国平均を下回り，学力は下がる一方で特別支援学級の児童・生徒数は全国と比較しても顕著に増加傾向にある。また，中山間地が多いため，少子化に合わせ公立学校の統廃合が進む。変わったのは学校でなく，地域社会そのものなのかもしれない。自然豊かな地方であっても子どもたちは意外にも忙しい。

　同じく教師も，親も，学童保育も，地域もそれぞれが担当範囲に没頭し，現在の教育システム全体にわたる課題に気づきにくい状況があるのではないだろうか。教育の関係の全貌をみていない可能性がある。

　さて，読者に背景を理解していただくために，さらに長野県の教員をとりまく環境について述べておく。県には大きく4つの地域ブロックがあり，北から北信，東信，中信，南信となる。公立学校の教員は長野県教育委員会に採用されると，そのうち2つのブロックを転任して動くルールになっている。したがって，土地勘のない地域に赴任することもしばしばであり，単身赴任や通勤時間が長いか，寮生活の頻度が高まる。学校には地域に根差した伝統があるが，教員は赴任後初めてそれを知り，地域の人と共同でかかわる必要性にせまられ

る。児童・生徒の申し送りはできても，地域情報の申し送りは職務のボリュームから現実的ではない。

　そうしたなかで，2015（平成27）年度より全県が「信州型コミュニティスクール」制度を導入し，学校のなかに地域と共同する協議会を設置することとなった。前年度に一足早く導入された松本市では，市内で盛んな公民館活動をベースに学校をサポートする組織がつくられたが，実際現場にはさまざまな混乱がみられたことも事実である。たとえば筆頭となる校長，教頭が地域に出向き，そして協議会のかたちをつくる。しかし，実働しはじめると，意思疎通に混乱が起こる。開かれた学校のイメージは人それぞれでちがう。当初は地域の人から「地域行事や共同の地域づくりをしたいのに，先生からは採点しか依頼されない」と愚痴をこぼす声も聞かれた。じつは，それも教師がやっとのことで思いついた地域との連携のニーズだったかもしれない。

　学校は，その教育の場を地域に開くことに，基本的には慣れていないと思われる。なぜなら，各科目の単元をどのように教えるか，児童・生徒をどう指導するかは教員養成課程の中心的技術であり，どのように地域と連携し，地域独特の事情に基づく教育を創造していくかについての議論は，近年取り組みが始まったばかりだからである。地域の人もそのような協働への技術・手法は習っていない。いまだに保護者から，「昔みたいに先生は厳しく叱り，子どもに接してほしい」「先生の威厳が欲しい」という声が出る。今の時代，社会的背景からそのような指導は困難だが，地域の人もまた，昔の自身の経験からものごとを考える傾向にある。しかし，変化は早く現代の学校現場は昔に比べてきわめて柔軟になってきており，教科外の学習への評価が総じて高くなっている。この可能性をとらえれば，地域と連携した学校教育は夢でないが，創造的連携は一朝一夕にはできない。両者が中立的コーディネートなく向き合い，交渉がうまくいかないケースは今のこの瞬間にも発生している。

　そして，不幸にもこうした負の経験は「協働など無理でまっぴらごめんだ」という人を増やしてしまう。しかし，これまでの取り組みから，新しい関係の創造は乗り越えられない課題ではないと実感している。

8-2　事例：マッチング組織「中信地区環境教育ネットワーク」の存在

　そこで，1つの方策事例として，松本市にある「中信地区環境教育ネットワーク」という公立学校と地域講師のマッチングを進める団体の取り組みを紹介したい。2010（平成22）年度から5年間の活動が軌道に乗り，年間50件（市内の小中学校数は分校含めて53校）程度の公立小中学校の授業に地元の地域講師をマッチングして実践的授業を行うサポートを続けている。

　団体の起源は，かつてゴミ削減問題をテーマに企業と行政が対立を超えて，お互いの立場を理解することから対話を始めたグループが前身で，その問題が解決したあとも，地域の学校への環境教育の支援に新たな的を絞り，行政と協働して環境教育を普及しているものだ。

　地元の大手企業，市行政の有志，大学，実践者とメンバーの立場は横断的であり，事務局は民間で独立して，市環境政策課と市教育委員会との会合を定期的に行っている。中信地区環境教育ネットワーク（以下，「ネットワーク」）には，企業，NPO，市民団体などさまざまな指導団体が会員登録している。その特徴は企業のCSR活動が多いこと，そして団体の会員登録では基本的にスクリーニングがなされていることである。また「ネットワーク」には会員である指導団体の上部に幹事会組織があり，組織経営と学校支援事業の方針を定めている。会員は自由加入ではなく，過去の学校とのトラブルの有無，政治・宗教的活動でない，公益的活動への積極性などについて過去の実績から幹事会が判断し，会員登録を依頼している。また，マッチングや手配を行う支援コーディネーターは，自然体験・森林整備・学校緑化・その他とテーマに分けて複数おり，その団体をよく知った人が学校に出向き，両者の相談に介入して要望を調整する。このコーディネーターは資格でなく役割であり，指導団体のなかで学校との調整に熟練した人をあてている。報酬は交通費程度で現状はボランティアであるが，今のところ熱心に取り組んでもらえている。コーディネーターの立場は，"業務というより指導団体の奉仕活動として実働を提供する"と整理している場合もある一方で，報酬がないため役割の広がりと継続性への

課題は大きい。

　事業の枠組みは，松本市では環境教育支援事業，学校は地域連携事業とそれぞれに予算をもつ。「ネットワーク」はこの両者の間に入り調整を行う市民団体であり，教育委員会と環境政策課という公的なフィルターを通して，教師が登録された指導団体とつながり，交渉をするために必要な項目を整備し，コーディネーターも派遣する。

　学校の立場からすれば，ここに公式に登録されている指導団体は安心して授業への協力依頼ができる。わからないことがあれば，コーディネーターが間に入ってその問題の解決を図る。たとえば，授業時間数が少ない小学校では給食の時間に合わせ2時間分を横断してあてると，雨天でも実施しなければならない事情が発生する。コーディネーターによる学校事情の説明により，指導団体はその制限を理解し，そのなかで教師の要望を聞き，雨天の場合は学校へもち込みの教材を使うなどして何ができるかを提案する。また，最も多い相談は予算の執行である。担任をもつ教師の多くは学校に予算がついていることを知らないことが多い。教頭は把握しても，担任に共有されていないことも多い。指導団体が直接担任の教師に相談をすると，「講師料が払えないので，何とかしてほしい」という値下げ交渉が始まることがある。学校経営と地域経営の仕組みのなかで予算は捻出可能なのだから，その情報とやり方をコーディネーターが教師に知らせ，手配の道筋をつくるのである。無償で赤字ボランティアでは地域側の負担が大きいという話題をよく耳にするように，指導団体も必要経費（専業ならなおさら）が出ないと活動は持続可能ではない。こうした双方の小さな問題を1つひとつコーディネーターが拾い，マッチングシステムに反映していく。

　制度では全学校で，全講師が同じ条件で学校の授業を展開する。共通フォーマットの「打ち合わせシート」をもち，相談を重ね，教育委員会と市環境政策課，「ネットワーク」の三者に同じ情報が蓄積される。現在，指導団体への1回の講師料は一人5000円（交通費含む，材料費は別）である。この金額はそれが専業である地域講師の立場では決して十分な金額ではないが，地域の教育の

写真8.1 課題抽出のワークショップ

写真8.2 地域講師と学校林の手入れを行う

ためと理解をえて，両者の折り合いをみて調整した結果である．近年は単発の講師派遣よりも，学習効果が高い連続性のある授業設計およびモデル校が年間2校ほど設定されている．「ネットワーク」から予算支援するなど，ESD推進を意識した授業設計のよりよいあり方の研究・普及にも力を入れている．具体的には，モデル校の1つである松本市立会田中学校では，初年度に学校登山を切り口に遠くの自然と身近な自然を比較し，身近な自然に潜む課題を抽出した．次年度は自らの学校林の手入れが十分でないこと，中山間地の過疎高齢化に対応した新しい産業など，生徒が地域に感じている課題に取り組んだ．教師は授業にて生徒の意見を拾い，話題のテーマを体験させてくれる指導団体を次の授業に招く．さらにその授業では，生徒の体験からの気づきがまとめられ課題を具体的なものにしていく．

こうした授業の手配や調整に，「ネットワーク」がコーディネーターとして継続的にかかわっている．

8-3　学校では地域の学習はどこで扱うか

文部科学省の指定する「現行学習指導要領・生きる力」によれば，小学校では国語，社会，算数，理科，生活，音楽，図画工作，家庭，体育，道徳，外国語活動，総合的な学習の時間，特別活動（クラブ活動・学校行事等）の9教科ほか4つの学習活動において，45分単位でそれぞれ必要時間数を割り当てている．中学校では国語，社会，数学，理科，音楽，美術，保健体育，技術・家庭，

外国語，道徳，総合的な学習の時間，特別活動の9教科ほか4つの学習活動において，50分単位でそれぞれ必要時間数を割り当てる。

　ESDにつながる学習を行う教科については，主には小学校1,2年の「生活科」，小学校3年生に設置された教科外学習の「総合的な学習の時間」が最も適切であり，小学校では487授業時数（487×45分＝計365時間），中学校では190授業時数（190×50分＝158時間）となっている（2015年度現在）。生活科および総合的な学習の時間は小学校では週に3授業時数程度と決められていることから，半日の地域講師派遣で3ないし4授業分を使う場合は，教員にとっては2週間分の「総合的な学習の時間」を一度に使ったと整理することが考えられる。以降は時間割が変則的になり，翌週以降に児童・生徒が体験をもとに事後学習を行い，地域講師が忘れたころの学期末に発表などという展開になる。また体験のやりっぱなしは不十分であることから，事前・事後の学習が同じ授業のなかで設定されたりする。授業をまたぐ体験は，大半が3学期制のなかで学校行事の催行の影響で，行える期間に制限が発生することも考えられる。授業の割り振りは常に学校行事や天候，事件，諸事情による学校運営の変動のなかで，改定されながら行われている。

　そのため，学校としては地域講師に予約をしていても，どうしても日程がずれこんでしまうという場合もあるだろう。地域講師にはこのような学校運営事情を包括的に包容する気持ちと体制も必要になる。

　時間割は柔軟なので「総合的な学習の時間」以外にも，体験の対象とできる時間が教科に潜んでいる。理科，社会，体育はもちろん，文章表現としての国語，創作表現としての図画工作・美術，図形や数字を扱う算数・数学など，各教科に体験から学べる時間が存在する。地域の人にとって学校との連携がむずかしいのは，この教科が基本的に「単元」というカテゴリで分けられ，学期ごとに学習内容が割り当てられていることである。たとえば，長野県では小学校3年生の1・2学期に理科の授業で昆虫の体のつくりを学習する。この時期になると教師から専門家に虫を捕まえて観察する授業支援への問い合わせが入る。ある講師がもつテーマが「生き物観察」ならば，その支援は何年生の何月にな

ら成立する，という裏事情があることに「ネットワーク」では気がついた。こうしたこれまで地域側の人にみえなかった学校ニーズの背景を，すべての教科書を閲覧・整理することで，マッチング作業に活かすべく対策を始めている。教師は日々の業務形態から必要に迫られて，直前になって急ぎ申し込みをするケースが多い。地域講師からすれば急な話で，かつ無理なことであるが，教師は毎日が授業というイベントの連続のような仕事で仕方がない面もある。とはいえ，いっぽうで地域講師は多くの予定のなかで，事前に仕事の日程を空けて（ときには仕事を休んで）対応している。お互いのマッチングをよりスムーズにするために，いつごろに体験の要請がきそうなのか，という事前予測はとても役に立つ。

8-4　課題解決型学習のむずかしさと楽しさ

　環境省が2013～15（平成25～27）年度の3年にわたり，全国の環境省地方事務所でESD環境教育プログラム実証等事業を行った。全県をブロックに分けた展開で，長野県は中部ブロックに該当することから，著者もモデル校の指定からモデル学年の授業の介入と展開までを委員会としてかかわった。3年間に選定された各県のモデル校はすでにすぐれた環境活動や体験学習に取り組む模範校もあったが，これから導入する，または初めてユネスコスクールに申請したなどの諸事情をもつ学校もあり，新規の学校のほうが普及の意味では効果が大きかったと，個人的には感じている。

　さて，外部の委員会が学校教育の授業計画に介入するなかでみえたことは，教員は「学習成果が事前に設定できない授業づくりに対して，不安をもちやすい傾向にある」という事実だった。先にも述べたように，授業時間数が限られるということは，その時間数のなかでまとめまでを組み立てるということである。一方向の講義型の授業では，教員一人にイニシアチブが委ねられるため，時間管理は比較的たやすい。しかし児童・生徒とともにつくる双方向または参加者主体の授業では，①課題を発見し，②グループで対応を協議し，③グループで取り組み，④グループで発表する，という一連の学習行為を時間内で進め

るということになる。すべてのイニシアチブがとれない教員にとっては，その時間管理は至難の業である。課題発見と解決に向けた課題解決型の学びを指導するには，グループワークのファシリテート力はもちろんのこと，学習者の能力と態度，課題の難易度により本来は必要時間が異なる。思いどおりにいかない場合にそのストレスから，教員はときに学習者に答え（自分の意見）を伝え，決めてしまうことがある。これは学校にかかわる地域講師にも同じ問題がある。授業で学習者の声を引き出すには，安心して意見できる日頃の学習環境を整える，といった学級運営そのものが関連している。自らの発見により，答えを導く学習が成り立てば，教員も学習者も地域講師も楽しいのだが，指導のむずかしさは常にある。

　しかしモデル事業にて，教師の多く，とくに若い学級担任はとても高い能力があることもわかった。それは，一度専門家によるワークショップ型の授業を生徒とともに体験すると指導法を素早く習得し，後日ほかの授業などでもワークショップの手法を取り入れていたからだ。教師は基本的に子どもをみる目は鋭い。ファシリテーションは相手をみて，理解し，必要な促しをすることが基本である。手法が身につけば，不確定要素の強い課題解決型の学習もいずれ時間管理できる可能性が高い。そうあれば，地域の人々は地域の課題や実情に関する情報と直接体験を学校に提供し，教師がそれを学習教材とする。このような連携で，地域型教育の1つのスタイルができていくのではないだろうか。子どもたちは学習にストーリー性を求めている。教科の単元は，残念ながら期末試験に対応した切り貼り的な区切りになってしまうが，こうした課題解決型学習は連続性と主体性があり楽しい。また，それを指導する大人も楽しそうである。話し合い，体を動かすことでやる気も生まれていく。

8-5　持続可能な地域の教育に，地域住民は教師の力を借りている

　地域にとって，教師は昔ほど身近でなくなったのかもしれない。教師を含む現役サラリーマンには地域の事情を知らない人も多い。通勤時間が長い，残業が多い，もしくは寮生活などの環境は，教師自身の生活者としての地域への視

点をもちにくくするかもしれない。地域に住む人に当たり前のように知られる有名景勝地や，日常行事の実態にも無知である可能性がある。地域をつくる教育の最前線に，地域事情を知らない人が指導的立場にいるならば，どうだろう。教師自身が地域に出かけて行く時間的余裕をつくり，地域の人々と交流し共感する場も本来は必要である。

いっぽう，学習者である児童や生徒には，学校で特別に経験し学習する機会と，日常生活で起こっていることのすり合わせが必要である。学校教育で地域について学び体験したことは，学習の概念化により日常の思考に落とし込まれ，学習者の日々の意識変化へと向かう。

変化しつづける地域の持続可能性は，まさにそれを意識した人々がつくるものである。そうしたことを意識すると，地域に暮らす人々は「学校」という組織と「教員」という職業者に地域の担い手である子どもの教育を担ってもらっているのであり，未来を託していることになる。だから地域独自の教材や課題を，自ら学校にもち込み授業に反映してもらう働きかけをあきらめてはいけない。そして，親もまた地域活動に参画しにくい働き盛りが中心であることから，学校というハブがもつESDへの可能性はたいへん大きいといえる。多くの人に囲まれ，自ら学び行動した子どもは大人になってからも地域への想いや貢献を忘れない。少子高齢化など厳しい将来が想定される時代において，こうした地域を考える人づくりこそが，明るい地域の未来をつくる第一歩であろう。

8-6　対話のための10か条―学校と地域の共通語を意識しよう

上記をふまえて，最後に，学校と地域の人々が授業で連携し，教育で連携するための「共通語」をどのように得るか，以下に心得10か条を整理したい。

「学校と地域が対話するときの心得」
①時代による変わりゆく状況とお互いの立場を，経験則ではなく事実から理解する
②地域住民が，地域の持続可能性を生む「学校」を支えともにある，という意識をもつ

③教員は教育における職業人である。地域が教員と役割分担をし，校区の学校外の情報も交換する機会が必要である。そのための教員の業務整理も検討すべき
　④教員にも地域住民にも生活があることをふまえ，無理のない仕組みをつくる
　⑤地域の人は既存の仕組み（組織・縁）を利用して，学校に地域教材をもちこむ
　⑥教員自身が指導力を磨くために，地域連携授業に取り組む
　⑦打ち合わせには学校と地域が共通理解できる用語をあらかじめ整理し，項目を示した資料に基づき行う
　⑧地域住民のなかには専門家や技術者がいる。身近な地域課題は学校区単位で地域住民の団体などと連携し，専門家とは学区を越えて広域連携する
　⑨行政は末端の問題の対処でなく，全体のバランスを考えた総合的施策を講じる
　⑩地域側の行政，民間などが第三者機関となり，連携のコーディネートをする
　　　　（中信地区環境教育ネットワークの打ち合わせシートを参照，HP公開）

　地域と学校の教育に関する「共通語」は，お互いの立場を理解し，価値を共有し，摩擦や誤解を防ぐために重要な対話のツールとなるであろう。子どもは大人に比べてとても素直で柔軟な感覚をもつ。これから私たち大人は自身の既成概念を取り払い，新しい教育方法で子どもの創造力を伸ばさなければならない。未来の地域産業は，教育から環境，福祉・医療，ツーリズム，健康，農林漁業の六次産業化の分野など，横断する新分野が期待されている。いずれも外の力にたよるのでなく，内からの力で構築することが持続可能性を高め，内からの力を育む教育は大きな役割を担っている。職業人である教師と，地域住民が連携して人づくりをする意義はそこにある。

> 読者のための参考文献
　・中信地区環境教育ネットワーク（EEネット中信），http://gominetnagano.jp/

第9章
地域参加から学校支援へ
―あるコーディネーターのライフストーリー―

「地域とともにある学校」が実態を伴った取り組みとなるためには，地域における多様な主体と学校とをつなぐための連絡調整を担うコーディネーターが不可欠である。2015年12月に示された中央教育審議会答申「新しい時代の教育や地方創生の実現に向けた学校と地域の連携・協働の在り方と今後の推進方策について」では，「開かれた学校」から一歩踏み出し，地域と一体となって子どもたちを育む「地域とともにある学校」への転換がうたわれている。それと合わせて，コーディネーターの配置や機能強化が強調されている。こうした政策動向のなかで，地域と学校をつなぐコーディネーターは，今後ますます重要視されてくるだろう。

こうしたコーディネーターの政策的意義が強調される一方で，個人にとってコーディネーターとなることには，どのような意味があるのであろうか。多くのコーディネーターは熱意をもって，その役割を全うしている。その熱意の背景には，どのようなライフストーリー（「個人のライフ（人生，生涯，生活，生き方）についての口述の物語」）[1]があるのだろうか。本章では，そうした個人の人生の物語を読み解くことで，コーディネーターの経験がもつ意味を探ってみたい。

本章で紹介するコーディネーターは，岩手県紫波町で活躍しているNPOの代表を務める一人の女性S氏である。S氏は地域と学校をつなぐコーディネーターや学校支援のボランティアなどを長く続け，それまでのS氏の活動を発展させるようにNPOを立ち上げた。現在のS氏は，「子どもたちに地域の大人がかかわり，社会全体で子育てを担うこと」を目的とした活動を精力的に行っている。どのような動機や経緯で地域と学校をつなぐコーディネーターを始め，どのような思いで続けてきたのであろうか。

9-1　子育ての経験

　S氏は青森県の出身で，結婚を機に夫の実家のある秋田県へ移住する。2人の子どもを授かり，子育てに奮闘するが，主婦だった期間は住み慣れない土地での子育てに孤立感があったと振り返る。その一方で，手を差し伸べてくれた近所の人もいたという。

　「（近所の）御主人が農業高校の先生で，私たちが引っ越したときに，あなたたちは引っ越しで忙しいだろうからと私たちよりも先にあいさつに来てくれました。嬉しかったです，とても。そのうえ，（奥様は）子どものためにあなたはずっと家にいてはダメですよって言ってくださり，新しい土地でまったく家から出ることのない私に，毎朝，コーヒーが入ったからうちに来なさいと声をかけてくれました。へんなしがらみにとらわれずに生きていらっしゃると思いました。普通であれば引っ越したら，引っ越してきたほうが近所に挨拶するものだと思っていました。それを，（御主人は）引っ越しで忙しいだろうから，俺が先に挨拶に来たぞと，言われるような方で。子どもを連れていき，コーヒーをいただいているうちに（子どもが）いろいろと悪戯をすると，（奥様が）テーブルの上のミカンやバナナを手わたして，テーブルの上でつぶしてみて！　ジュースできるよ！　などと言ってくださって，子どもはどんどん新鮮な果物を力を込めてつぶして，最後にはテーブルに直接口をあてて飲んで味わっていました。このように近所の方に助けていただき，子どもは親だけでは育てられない，子どもには体感，経験が必要と思うようになったきっかけでした。」

　また，当時の自宅が小学校のそばという立地環境にあり，見ず知らずの小学生が毎日のように自宅の庭に入ってきては，「トイレ貸して」「水飲ませて」「何しているの」と，S氏に声をかけてきたという。当時のS氏は未就学の子どもをかかえていたが，こうした小学生たちとの交流を組織化しようと思い立ち，子どもがいても自宅でできることをと考え，中学生の頃に珠算教室の手伝いをしていた経験もあり，地元商工会からの協力を得て，珠算教室を始めたの

である。この珠算教室のエピソードは，のちのS氏の発想力と行動力を示す好例の1つである。

その後，夫の転勤により，S氏は岩手県花巻市へ転居する。花巻市では長らく借家住まいであったが，終の棲家を探し求めて，たどり着いたのが紫波町であった（図9.1参照）。花巻市へ転居してから，S氏はいくつかの公的機関で臨時職員として働き，それまでの自宅にこもりがちだった生活を変えていくことに努めていたが，本格的に地域活動への参加を始めるのは紫波町に居を構えてからである。

図9.1　岩手県内の市町村
出所：岩手県庁より提供

9-2　転機となった地域子ども教室コーディネーター

1999年に紫波町に転居したS氏が初めて参加した地域活動は，町の広報誌で見つけた一週間のパソコン教室であった。この教室への参加を起点として，持ち前の明るさと行動力で地域活動の幅を広げていった。さっそく，パソコン教室で知り合った人の誘いを受けて，学校図書ボランティアを始める。

紫波町では，土曜日に学校図書室を地域に開放することに先立ち，学校図書室の蔵書のデータベースを整備するボランティアを募集していた。当時の紫波

町には町立の中央図書館がなく，中央公民館の図書室がその機能を代替しているという状況であった。そのため，小中学校の図書室の開放は，学校改革という面だけではなく，地域住民のニーズにも応えるという別の側面もあわせもっていたのである。しかし，当時の紫波町は学校図書室には児童・生徒向けの本が多く，一般の町民のニーズに合う本が少なかった。こうした図書環境の改善のため，紫波町教育委員会ではインターネットを利用して町内の学校図書室の本の相互貸借を行うためのネットワーク化を推進していた。こうした学校および町内図書の整備を行うボランティアの募集に，S氏は応募したのである。

　この図書のネットワークシステムは「ほん太ネット」と呼ばれ，同名の学校図書ボランティアによるグループも立ち上がった。学校図書ボランティアたちは，図書のデータ化作業だけではなく，小中学校を巡回して子どもたちへの読書活動支援のほか，総合的な学習の時間の支援，学校相互の図書の移動など，学校だけでは対応できない読書活動の隙間を埋める活動を展開した。こうした学校図書ボランティア活動が充実していくなかで，S氏も含め多くのボランティアたちが図書に対する専門的な知識に乏しく，子どもたちの疑問に応えられない悔しさから，花巻市に所在する大学へ図書館司書の資格取得をめざして講習に通い，司書補の資格を取得している。

　学校図書ボランティアを通して，紫波町教育委員会とのつながりができたことで，S氏の次のステージとして誘われたのが，地域子ども教室推進事業[2]のコーディネーターであった。他方で，地域子ども教室推進事業と同じ頃，紫波町では「ゆうごう事業」と呼ばれる学社融合[3]を理念とした取り組みが行われていた。「ゆうごう事業」は，お抹茶，生け花，歴史講座など，公民館で行われている大人向けの趣味・教養講座を，住民が学校を訪れ，子どもたちと一緒に行うという取り組みである。S氏は地域子ども教室を機に，この「ゆうごう事業」のコーディネーターも担うようになった。そして，紫波町内の地域子ども教室やゆうごう事業のコーディネーターが集まり，5名のメンバーで，学社ゆうごう支援グループ「えんのした」を結成する（「えんのした」の名称がつくのは 2005 年からで，それ以前は無名のグループであった。写真 9.1）。

きっかけは受動的であったようだが，学校現場の問題を地域課題としてとらえ直し，本気で解決しようと試行錯誤を繰り返す日々はここから始まったのである。その一例として，次のＳ氏の語りを紹介したい。

写真9.1　学社ゆうごう支援グループ「えんのした」のメンバー

「平成14（2002）年ですね。ちょうどその頃，タイミング悪く，中学校が荒れていて，ガラスが割れたとか，先生と生徒が言い争う姿を私，見ていましたね。PTAの方が交替で巡回もしていました。そういうこともあって，（中略）地域のわれわれができることで何とかしようよと。ボランティアを募り，何も用事がないのに学校に行くわけにいかないから，地域子ども教室を中学校で開設するとなれば，正当な理由があって中学校に入れる。それで，中学校の図書室開放を行い，子どもと地域の人が読書を楽しむとか，地域の人が本を借りるとか，教育委員会の予算で大人向けの本を年間数冊配架していただきました。」

この語りにみられるように，Ｓ氏は荒れている中学校を地域から働きかけることで改善しようと，そのための手段として地域子ども教室や「ゆうごう事業」を活用しはじめたのである。

Ｓ氏にとって，地域子ども教室のコーディネーターを機に広がった活動は，「ゆうごう事業」だけではない。地域子ども教室に関係するコーディネーターやボランティアに対しては，岩手県教育委員会や紫波町教育委員会でさまざまな研修の機会が用意されている。Ｓ氏はその１つである教育事務所（岩手県教育委員会の出先機関）主催の絵本や紙芝居の読み聞かせ講座を受講している。そして，その受講者メンバーで読み聞かせサークル「かくれんぼ」を結成し，子どもたちへの読み聞かせも精力的に展開した。

また，こうした地域子ども教室を軸とした活動に加えて，Ｓ氏は地域教育推

進員の仕事にも従事している。地域教育推進員は，子どもやその保護者への支援を任務とし，有給で各小学校に配置される。任期付きのため，1つの学校で長期間従事することは制度的に認められていないが，任期終了後も，紫波町だけではなく，隣接する矢巾町や盛岡市の小学校にも勤務先を広げながら，親と子どもの相談員，スクールアシスタントなど，学校における子どもたちへの支援にたずさわる仕事を続けている。

9-3 NPO法人風・波デザインとの出会い

紫波町におけるNPOのリーダーたちの多くは，風・波デザインというNPOのメンバーを経験してきている。S氏もその一人である。風・波デザインは，いわばNPOのリーダーを育成する学校のような存在であったといえよう。S氏は，風・波デザインを通して，どのような経験や学びを積んだのかを以下にみていく。

(1) NPO法人風・波デザインの目的と活動

紫波町は市民活動支援の一環で，新潟県にあるNPO法人まちづくり学校[4]のまちづくりの考え方をとり入れて，2005～2007年度にかけてファシリテーター養成講座を開き，住民とともにまちづくりを進める担い手を育成した。その講座修了生の住民と町職員が2008年3月に立ち上げたのが，風・波デザインである。S氏も講座を受講した設立メンバーの一人である。

風・波デザインが設立されたねらいは2つある。第一に，これからのまちづくりを担う人材を育成することである。まちづくり学校では，まちづくりのコーディネーター・ファシリテーターを養成する教育プログラムを開発し，それを実践している。このプログラムは，もともと新潟中越沖地震の地域の復興支援をコーディネートする人材育成のために開発されたものである。被災地の現場で改良されながら確立され，「マチダス」というテキストにまとめられており，まちづくりを円滑に進めていくうえでのノウハウが凝縮されている。このノウハウを風・波デザインのメンバー全員が身につけ，自分たちで人材を育

成しつづけることをめざしている。

　第二は，岩手県内の中間支援を変えていくことである。風・波デザインの初期メンバーは，岩手県内における中間支援のあり方に対して疑問を感じていた。技術的な部分ばかりが先行し，本質的な部分に欠けるコーディネーター／ファシリテーターの養成・実践をしていたからだという。きちんと寄り添うことを大切にしながら，その価値を徐々に広めていく。そうした新潟県で実践されていた人材育成と中間支援の紫波町版をつくり，それを岩手県のスタンダードにしていくことが，風・波デザインを設立した目的であった。さらにいえば，風・波デザインと同様の団体を，風・波デザインのなかから生み出すことが究極の目標なのだともいう。

　以上のようなねらいにそって，風・波デザインの活動は人材育成と，中間支援という2つの柱で構成される。前者は主にプロセスデザインの手法を取り入れたコーディネーターの養成を行っている。後者は，①町内の市民活動団体の情報交換やネットワークづくりを目的とした紫波町市民活動支援センター「ゆいっとサロン」の管理運営，②コミュニティビジネスの創出支援を目的としたサポートセンター「なりわい」の管理運営，③岩手県のNPO活動交流センター（いわて県民情報交流センター「アイーナ」内）の指定管理など，施設の管理運営を通して実践した[5]。

　ちなみに，「ゆいっとサロン」は町内の市民活動の中間支援を目的として2006年10月に開設され，当初は「えんのした」が請け負っていた。2008年からは風・波デザインが「ゆいっとサロン」の運営を請け負うようになるが，それはS氏を含む「えんのした」の3名のメンバーが風・波デザインのメンバーとなり，それまでの取り組みをさらに発展させていこうとしたからである。

　S氏が風・波デザインに入ったのは，「ゆいっとサロン」の運営のなかで直面した「中間支援」という学習課題を解決するためであり，これを深めるためであったといえる。S氏は次のように述べている。

　「中間支援をわからないなりにやってきて，風・波デザインの発起人の一人の宮崎さんが紫波町に来て，中間支援とはこういうものだと教わって，

中間支援的な人間を増やしていくことに共感した。ゆいっとサロンをもっとよりよく理解していれば，もっと地域の役に立てるのではないか。そのためには風・波デザインに入って何か学べばと。風・波デザインは日常の生活では体験できないことができる。普通の主婦（だった私の場合）だと仕事から帰って，夕飯どうしようとか，明日のお弁当どうしようとか，その程度なんですけど。とことんやっつけられたりとか，ディープにディープに物事を考えなきゃいけなくて，苦痛なんですけど，逆に新鮮でしたね。日常生活で，そんなどうしようもないほど，やっつけられることってないじゃないですか。」

（2）人材育成の方法

　S氏が「やっつけられる」「ディープにディープに物事を考える」と表現する学習とはどのようなものか，補足しておきたい。

　風・波デザインは，まちづくりコーディネーター養成講座を通して，まちづくりを担うコーディネーターを養成している。コーディネーターというとワークショップで仕切る人をイメージしがちだが，風・波デザインが養成しようとしたコーディネーターはまちづくりの参加者を支える人である。つまり，コーディネーターとは，一緒に課題の解決を考える人であり，困っている人に寄り添える人である。人材育成によって肩書をもたせるのが目的ではなく，共感を得ながらまちづくりの参加者とともに考え，まちを動かしていく人材を育成することが，風・波デザインがめざすコーディネーターの理想像である。

　また，コーディネーター養成講座においては，講座を受講した人は，次からはスタッフとしてかかわっていくことが多い。風・波デザインが養成講座を行うとスタッフの数が多いが，それは一人ひとりの受講者に対して，きめ細かくスタッフがアドバイスをする体制をとるからであり，悩む人の脇にいて一緒に考えながら講座を進めるからである。これは同時にスタッフにとっても学びの場となっている。自ら受講した経験が受講生への安心感になり，講座を通してできたネットワークがまちづくりにおける大きな力となっている。

養成講座は,「プロセスデザイン」という考え方に基づいて進めている。プロセスデザインとは,理念設定・現状把握・未来予測という段階を踏んで,実現可能な未来像を描くことである。そして,優先順位や実施主体を考え,実現するための手段を考える思考プロセスである。
　最初に「内省取材(ないせいしゅざい)」という,自分自身への取材から思考プロセスの練習をすることは慣れない作業であるため,整理できずに苦しいこともある。しかし,同じ受講者やスタッフとともに取り組むことで場を共有した仲間づくりができる。また実際にまちを歩き,五感を使ってまちを感じることで,まちの新たな発見にもつながる。こうした体験が,まちに変化を与え,まちを育てていく力となっていく。

9-4　NPO法人ゆう・もあ・ねっとの設立

　S氏は2011年4月に風・波デザインを「発展的に退会」し,「えんのした」のメンバーとその思いに賛同した人たちが新たに加わり,NPO法人「ゆう・もあ・ねっと」を設立する。風・波デザインの究極の目標が,風・波デザインのようなまちづくり団体を,風・波デザインのなかから生み出すことにあったことから,S氏の独立は歓迎されたものと推察される。団体名に込められた意味は,You moreとNetworkである。つまり,そこには,①あなたと今よりもっと仲良く,②あなたのことをもっと知りたい,③あなたがより輝くように,④ユーモアを忘れずに,⑤ネットワークを大切に！　という思いが込められている。
　「ゆう・もあ・ねっと」の設立の趣旨は,地域の子どもたちのための「学校でもない,家庭でもないやさしい居場所づくり」をコンセプトに,「子どもを応援する大人の輪ができて,みんな輝き,みんなにやさしい〈まち〉になること」をめざすことにある。こうしたコンセプトの下で,①放課後や休日に子どもたちに安全な居場所と多様な学習・体験の機会を提供する「紫波町子ども教室」(放課後子ども教室[6]),②紫波町市民活動センター「ゆいっとサロン」の管理運営,③学社融合コーディネートの3つを柱に活動を展開している。

写真9.2は、③学社融合コーディネートに関する事業の1つで、キャリア教育「働く人から聞こう！〜未来パスポート〜」の様子である。このセミナーの目的は、中学生が多様な職業・生き方をもつ社会人とふれあい、「未来の自分」を考えることにある。教師、NPO職員、タクシー運転手、料理人、農業者、マスコミなど、集まった社会人講師

写真9.2　キャリア教育「働く人から聞こう！〜未来パスポート〜」（2013年2月6日）

たちは、それぞれの生き方や仕事内容や仕事に対する思いについて、趣向を凝らして伝えている。中学生たちは社会人講師を囲んで話を聞き入っている。また、学校へ登校しても教室へ行くことができない中学生が通う相談室で、地域のさまざまな特技をもった大人たちと交流する学習会を定期的に開催するなど、学校に居づらさを感じる子どもへの支援は事業として継続している。

「ゆう・もあ・ねっと」の活動は、S氏がこれまで広げ、大切にしてきた地域のネットワークを活用した子ども支援という原点はぶれていない。こうした活動は、S氏が「学校に居場所を見つけにくい子とか、特質のある子とか、あるいは障がいのある子とかにかかわったところで見てきたことが多くあって、そこから始まっていますね」と語るように、地域子ども教室や「ゆうごう事業」、地域教育推進員や支援員、相談員、スクールアシスタントなど、これまでの学校支援にかかわる地域活動や仕事を通して間近でみてきたことが背景にある。NPO代表という新たなステージに立っても、S氏が取り組んでいることは、学校や子どもたちの問題の解決に試行錯誤し、本気で取り組んできたそれまでと変わらない活動なのである。

S氏は自身の長年のコーディネーターの経験から、コーディネートを次のように考えていると述べている。

第9章　地域参加から学校支援へ　　*121*

「私のなかで，コーディネートは，さまざまな状態や状況を受け入れ，『親切，親身，丁寧』に解決のきっかけをともに探ることだと考えています。そして，そのようなことの積み重ねが広い意味の中間支援になるのかなとも思います。」

9-5　人生を豊かにしていく可能性を秘めたコーディネーター

　本章でみてきたとおり，S氏は子育て期間，主婦としてすごし，紫波町への転居を機に地域参加として学校支援ボランティア活動を始め，地域と学校をつなぐコーディネーターとなった。S氏は花巻市にいたときまでは自宅にこもりがちだったため，紫波町への転居後は自ら積極的に外に出ることに努めたと述懐している。こうしたS氏自身の意識の変化は，コーディネーターとなった動機の1つであることに疑いはない。だが，S氏の紫波町への転居後に地域参加への意欲が高まった背景には，紫波町で住宅を購入したことで居住する地域社会への関心が高まったことや，下の子どもが高校生となり，子育てが一段落した時期であったという人生におけるタイミングも，コーディネーターとなることへ後押しした要因であったであろうと考えられる。

　そして，読み聞かせサークルや地域教育推進員など，ボランティア活動あるいは仕事として活動の幅を広げていくなかで，そして地域からの学校支援という課題とかかわり続けるなかで，のちの「ゆう・もあ・ねっと」の活動の根幹となる，学校に居づらさを感じる子どもへの支援という，S氏自身のライフワークともいえるテーマを見つけたのである。S氏の問題関心の根底には，子育て期間中の，秋田で近所の人に助けられたことや，珠算教室を開いたという経験があり，そのときに育まれた思いがあると考えられる。その思いは，「ゆう・もあ・ねっと」の「子どもを応援する大人の輪ができて，みんな輝き，みんなにやさしい〈まち〉になること」をめざすという理念に表わされている。

　その後，学社ゆうごう支援グループ「えんのした」を結成し，市民活動団体の中間支援に挑戦したこと，風・波デザインと出会い，団体のまちづくり論を学んだことは，S氏が見つけたライフワークを，組織化し，主体的に取り組ん

でいくための力量を獲得していく過程であったと顧みることができるのではなかろうか。風・波デザインをいわば卒業するようなかたちで退会し，NPO の設立によって，S氏は地域からの学校支援・子どもたちへの支援に向けて主体的に取り組めるようになったのである。

S氏にとって，コーディネーターになることは地域参加への一環であった。しかし，そこからさまざまな出会いがあり，活動の広がりがあり，自身のライフワークとなるテーマを見つけ，そのテーマを主体的・組織的に取り組む力を培っていった。このように，コーディネーターは単なる地域と学校をつなぐ連絡調整役ではない。コーディネーターの役割をこなすなかに，多くの出会いとチャンスが埋め込まれており，人生を豊かにしていく可能性を秘めているのである。

　　読者のための参考文献
・佐藤晴雄編『学校支援ボランティア―特色づくりの秘けつと課題』教育出版，2005 年
・玉井康之『学校評価時代の地域運営学校―パートナーシップを高める実践方策』教育開発研究所，2008 年
・田中雅文『ボランティア活動とおとなの学び―自己と社会の循環的発展』学文社，2011 年
・桜井厚『ライフストーリー論』弘文堂，2012 年
・田中雅文・廣瀬隆人編著『ボランティア活動をデザインする』学文社，2013 年

注
1) 桜井，前掲書，p.6
2) 地域子ども教室推進事業とは，学校の余裕教室などを活用し，放課後や週末に安全で安心な子どもたちの居場所（体験・交流活動の拠点）をつくることを目的として，2004～2006 年度にかけて実施された国の3カ年の委託事業である。
3) 学社融合の概念については，生涯学習審議会答申「地域における生涯学習機会の充実方策について」（1996 年）で次のように提示されている。すなわち，従来までの学社連携は，「学校教育と社会教育がそれぞれ独自の教育機能を発揮し，相互に足りない部分を補完しながら協力しようというもの」であるとし，学社融合は「学校教育と社会教育がそれぞれの役割分担を前提とした上で，そこから一歩進んで，学習の場や活動など両者の要素を部分的に重ね合わせながら，一体となって子供たちの教育に取り組んでいこうという考え方であり，学社連携の最も進んだ形態」であるという。
4) まちづくり学校は，新潟県を拠点に，県内外で協働型のまちづくりに努めてきた研究者と実践者によって 2000 年に設立された。まちづくりに主体的にかかわる「人財」育

成を中心に，まちづくり実践者の支援を行っている。
5) 風・波デザインは設立当初から5年間で解散することを宣告しており，設立から5年後の2013年3月にその役目に区切りをつけて解散した。
6) 放課後子ども教室は，2007年度から始まった地域子ども教室の後継事業である。学校の余裕教室などを活用し，放課後や週末に安全で安心な子どもたちの居場所（体験・交流活動の拠点）をつくることに加えて，子どもたちへの学習支援や学童保育との連携も目的としている。

第10章
大学と持続可能な地域づくり
―大学による地域貢献・連携の進展―

　持続可能な地域と学校をテーマとする本書では，主に小・中・高等学校と地域の関係を扱ってきたが，本章ではもう1つの教育機関，「大学」による持続可能な地域づくりへの貢献，参画について考えたい。本書を読むあなたは，現役の大学生だろうか。そうだとすれば，自分の通う大学が，地域社会とどのようにつながり，持続可能な地域づくりにかかわっているか，見聞きしたことはあるだろうか。自分の受けている授業や課外活動のなかで，地域との関係を感じたことはあるだろうか。

　少し前まで，大学は，研究を遂行し専門的知見を蓄えること，教育のなかでそれを学生に伝授すること，この2つに力を注ぐべきであるという考えが主流だった。ところが近頃は，大学も専門分野に閉じこもり研究と教育を進めるだけでなく，地域の一員として，地域社会とつながり，そのあり方に関心を向け，地域づくりに参画・貢献すべきであるという期待が高まっている。

　あなたが大学生であるなら，そうした動きが自分の大学でどのように実現しているかを知り，そこに参加することで，理解と考えがより深まるだろう。あるいは，もしあなたが学校や地域で学びを支援する「ファシリテーター」であるか，そうした立場をめざしているならば，ぜひ大学の動きを知り，連携の機会を見つけてほしい。そして，本書を手にしたすべての皆さんが，身近な大学，気になる大学について調べ，大学を活用して地域づくりに参画・貢献してほしいと思う。

10-1　持続可能な地域づくりにおける大学への期待

　いま，大学が地域とつながり，地域の力となることへの期待が，かつてない

ほどに高まっている。地域のかかえるさまざまな課題を解決し，地域の可能性を見いだし，持続可能な地域社会をつくっていくために，大学がその教育・研究機関としての実践や成果を外に開き，地域の人々とつながり協力していくことが求められている。

　以前から，地方の国立・公立大学を中心に，地域との連携や地域への貢献に積極的に取り組む大学はあったが，全体としては，大学の主な使命はあくまで研究と教育にあり，社会貢献は余力のなかでというとらえ方が一般的だった。しかし，2006年に改正された教育基本法には，大学の役割について，「学術の中心として，高い教養と専門的能力を培うとともに，深く真理を探究して新たな知見を創造し，これらの成果を広く社会に提供することにより，社会の発展に寄与するものとする」（下線筆者）と記されるなど，これからの大学には研究と教育をよりよい社会づくりへ結びつけていく姿勢が不可欠であるという考え方が，広く共有されるようになっている。

　そのような大学の社会貢献を具体的に進めていくなかで，とくに地域社会とつながり，地域をよりよい未来へ導く役割を重視する動きが広がっている。文部科学省が2012年に発表した「大学改革実行プラン〜社会の変革のエンジンとなる大学づくり」では，大学が社会の進展を支え導いていくために今後めざすべきあり方として，「グローバル化の中で世界的な存在感を発揮する大学」「世界的な研究成果やイノベーションを創出する大学」といったグローバル社会に成果を発信する方向性とともに，「生涯学習の拠点となる大学」「社会の知的基盤としての役割を果たす大学」「地域再生の核となる大学」といった地域社会の発展を支える方向性が明確に示され，大学を地域の中核的存在として位置づける「COC（Center of Community）構想」が打ち出された。また同時に，「学生がしっかり学び，自らの人生と社会の未来を主体的に切り拓く能力を培う大学」，つまり従来の大学教育においてめざされてきた専門的知識やスキルの習得にとどまらず，自らの生き様を見いだし社会づくりに参画していくための力を育む意義も示された。大学が，研究・教育活動を通じて知的基盤を築きつつ，地域の課題を解決し，地域の生涯学習の場として機能し，社会づくりに

参画する人々を育て，地域の発展をリードしていく存在となることの重要性が，広く認識されているといえよう。

　社会や地域をよりよい未来へ導くというとき，では「よりよい」未来とはどのようなものか，という問いが生じる。本書が論じてきたように，現代社会が環境や社会のさまざまな面で「持続不可能性」に直面していることを考えれば，「持続可能な未来」へ向けた舵取りが必要なことはまちがいない。つまり，大学は，社会の変化を持続可能性へ向けて導く役目を果たさねばならず，また，持続可能な社会のあり方を見いだし・つくり出すための力を育む学習の場でなければならない。

　「持続可能な未来」へ向けて大学が社会をリードする必要性は，持続可能な開発・発展の概念が注目された1980年代から，国際社会において常に指摘されてきた。1990年代からは，持続可能性の実現に大学が取り組む必要性をうたう国際宣言や憲章が次々と採択され，さまざまな国際ネットワークも誕生した。具体的な取り組みとして，初期のころは，省エネやゴミ減量といった学内の環境管理活動が多くみられ，その後次第に教育や研究といった主要な活動のなかで持続可能な開発と結びつくテーマが取り上げられるようになった。そして近年は，教育や研究の過程や成果を実社会とつなげ，持続可能な地域づくりへ直接貢献し，参画しようとする試みが進みつつある。

10-2　大学をとりまく社会の変化

　このように，大学による持続可能な地域づくりへの貢献・参画が重要性を増す背景には，社会状況の急激な変化がある。先述の「大学改革実行プラン」には，「我が国が直面する課題，将来予測される状況」として，少子高齢化と人口の減少，経済規模の縮小，財政状況の悪化，グローバル・ボーダレス化の進展，国際競争の激化，地球規模の問題増加，地方の過疎化・都市の過密化，格差の拡大，産業・就業構造の変化，地域におけるケアサービスの拡大，といった課題が記され，それに対する「我が国が目指すべき社会」として，持続的な発展，多様性の尊重，自然との共生，高齢者・女性の参画，生涯学習の充実化

があげられた。

　まず，社会のグローバル化や高度化のもと，地域がかかえる課題は複雑さを増し，変化のスピードも増している。格差や貧困，失業や苛酷な労働環境，地球環境問題など，行政による対策だけでは解決がむずかしく，また特定の分野の専門家や活動家，企業などが取り組めば解決できるわけでもない問題が山積みとなっている。現代に生きる私たちは，こうした問題に対して，さまざまな視点と力をもつ人々や組織，機関の協力によって立ち向かいながら，持続可能な未来への道のりを見いだしていかねばならない。大学とは，新鮮な視点と活力をもつ学生，さまざまな専門性をもった教員，教育・研究活動を支える職員らの力が集う場であり，教育と研究の成果が日々生み出される場でもある。その強みを活かしながら，ほかの組織，機関や住民とともに，地域の課題解決と持続可能な未来構築に主体的にかかわっていくことが求められる。さらに，地域や社会の状況が激しく変化するなかで，数十年後の地域がどのようになっているか，どのような課題に直面しているかを，いま判断するのはむずかしい。であるならば，大学教育は，既存の知識を与え吸収させるよりも，経験したことのない新たな問題や変化に柔軟に対応できる，実践力や応用力を育てることに注力する必要がある。

　また，大学で学ぶ人々も変化している。大学入学者の大半を占める18歳の人の数（18歳人口）は，1990年前後には約200万人だったのが，それから25年が経過した2015年には約120万人と，急激に減少し，2030年頃には100万人を下回ると予測されている。そうしたなか，社会人を含むより幅広い人々を対象に，大学を生涯学習の場として活用していくことが今後ますます重要となる。社会人学生にとって，自分自身の実社会での経験，日々の暮らしや仕事を，学習と結びつけていくことがとくに重要だ。そうすることによって，学ぶ意欲が高まり，学びの質と深みが増し，学びの成果を人生と社会に役立てていくことができるからである。とくに学習者の日々の生活の基盤である地域と大学教育を結びつけ，人々による持続可能な地域づくりへの参画を後押しすることが，大学の重要な役割として広がりつつある。いっぽうで，1990年ごろは全体の

4分の1ほどにすぎなかった大学進学者が，今では過半数を超え，大学は「大衆化」の時代を迎えている。こうした学生らが学ぶ場としての大学教育は，高度な専門家を育てることだけではなく，地域づくりを担っていく人々がさまざまな現場で未来を切り拓くための力を育むことを重視せねばならない。

　ところで，大学による社会貢献や地域との連携の大切さを論じる際，1つ気をつけなければならないことがある。それは，社会的ニーズに応えることと，大学の自治，とくに研究や教育における自由な取り組みとのバランスである。先述の「大学改革実行プラン」の3年後（2015年），文部科学省が国立大学に宛てた通知のなかで，人文社会科学系や教員養成系学部・大学院を中心とした組織の見直しや廃止を含む改革を進め「社会的要請の高い分野」へ取り組むよう求めたことが，広く報じられ議論を呼んだ。「社会的要請」として，「すぐに成果が見える」「今すぐ役立つ」ことが重視され，とくに理工系を中心とした一部の分野のみが推進されることへの危惧が，次々と表明された。

　大学にとって，研究と教育をよりよい社会づくりに結びつけていくことが重要だというとき，それは決して「すぐに成果が見える」「すぐに役立つ」取り組みだけが大切だということにはならない。「社会的要請」が，持続可能な社会づくりの必要性にあるならば，それは短期的な金儲けや場当たり的な問題解決で実現できるものでは決してなく，長期的視野にたった，根本的な社会の変革に向けた，地道で長い取り組みが必要となる。大学が持続可能な地域づくりに参画していくなかでは，学生・教職員が地域の現実に学びながら，すぐに成果は出なくても，持続可能な未来のビジョンを模索し，そこへ向けた道筋を開拓していくこと，それと個々の教職員や学生の関心が結びつく部分を探しながら，大学の研究や教育を再構築していくことが必要となるであろう。地域づくりを担う人々の社会的実践力を育てることは，それと矛盾しない。実社会で課題を解決し未来を切り拓いていく際に必要となるさまざまな力は，既存の専門知識のように頭で覚えればよいものではなく，学び続け実践し続けるなかで身につけていかねばならないものである。また，もしもある研究が持続可能な地域づくりとはまったく関係ないように見えるとしても無駄だと切り捨てず，研

究・教育の多様性を尊重していくことが，現時点で予測のつかない社会の変化に対応していく力となる可能性を認めることも大切であろう。しかしこれは，何でもかんでも多様性の名のもとに認めればいいということではない。たとえば自然との共生，人権の尊重といった，持続可能性につながる普遍的価値観の共有を前提とし，ただしそうした価値観を共有しているかどうかは，そのつど対話により判断していくことを確保すればよいのではないだろうか。

10-3 大学による持続可能な地域づくりへの参画形態

さて，持続可能な地域づくりに大学が貢献，参画するといったとき，具体的にはどのような方法や形態があるだろうか。

まず，どの「地域」を対象とするかである。最も一般的なのはキャンパスや研究所など，大学がもつ施設の周辺地域だ。施設が立地する〇〇県や〇〇市，〇〇区，〇〇町などと連携する場合が多い。また，立地する市町村そのものだけでなく，その近隣地域と連携する場合もある。しかし，大学が連携する地域はこのような近隣地域だけとは限らない。地理的には遠く離れていても，たとえばある地域が，かかえる課題に関連する分野で実績のある，または高い関心をもつ大学と連携する場合がある。こうしたなかには，教員・研究者がフィールドワークに取り組むなどある地域と個人的な関係を築き，それが次第により広範な連携に発展していくケースも多い。また，大規模災害など全国的に注目されるような問題に直面していたり，有名な伝統文化や産業，特徴的な自然環境などがあったりという地域には，こうした連携が起こりやすい。このほかにも，大学の同窓生や後援会などのつながりから地域連携が始まる場合もある。このように離れた地域との連携は，国内だけでなく国外の地域とも構築しうる。

つぎに，連携の形態についてみてみよう。まず，研究活動を通じた連携である。1つは，その地域の持続可能な発展について重要な課題に対する調査研究に大学が協力したり，大学や研究者が重要と考える調査研究を実施するために適切な資源や環境をもつ地域が協力したりする場合がある。さらに，大学教員が専門家として自治体や地域団体の各種委員や研修講師を務めたり，助言をし

たりする場合がある。

　つぎに，教育活動を通じた持続可能な地域づくりがある。第一に，地域の大人や子どもを対象に，持続可能な地域づくりに関連する社会教育・生涯学習プログラムを大学が実施したり，地域の市民向け講座などに大学が協力または受託したりする場合である。第二に，学生に対する教育プログラムとしての正規授業や課外活動のなかで，持続可能な地域づくりに貢献する活動を実施する場合もある。このなかには，たとえば地域から学ぶスタディツアーなどの実地・現場教育，地域を調査するフィールドワーク，就業体験を主な目的とするインターンシップ，地域社会への貢献・奉仕活動としてのボランティア，それを通じた学習を重視するサービス・ラーニングなどが含まれる。ボランティア活動のように，必ずしも教育効果に着目せず，あくまで奉仕活動として実施されるケースもあるが，そうであっても，学生にとっては地域を体験し自身が成長する機会となる。このほかに，大学の教室，講堂や，図書館，食堂，スポーツ設備など，施設を地域の人々へ向けて開放したり，学内に地域の自治体がインキュベーションセンターを設ける，学外に大学のサテライトオフィスを設置するなど，学内外の施設や行事などを大学と自治体や地域団体が共同で運営・利用したり，施設利用を通じて住民ネットワークを構築するなど持続可能な社会に資する場合もある。

　ここでは，大学による持続可能な地域づくりへの参画形態を，研究，教育，施設利用の3つに分けたが，実際にはこれらは互いに重複していることも多い。たとえば，地域団体と共同運営する施設で生涯学習プログラムや正規授業を実施したり，調査研究活動に学生が教育の一環として参加したりという場合である。こうしたさまざまな活動が持続可能な地域づくりにつながるためには，それらが持続可能性につながる価値観に基づいていること，地域課題の解決や可能性の発見がなされ，長期的な地域の発展に寄与することが重要となる。

10-4　大学による地域づくりへの参画に関する具体的事例：東海大学の取り組み

　持続可能な地域づくりに，教育・研究活動両方を通じて総合的に取り組む大学も増えている。先進的といえる事例を1つ紹介しよう。

　東海大学は，文学部，法学部，政治経済学部などの人文社会系，理学部，工学部，農学部，医学部などの理工系に加え，海洋学部などの学際系や，体育学部，教養学部芸術学科等，幅広い分野を擁する総合大学である。北海道から九州まで全国に設置された8つのキャンパスで約3万人の学生が学び，そのうち約3分の2が神奈川県平塚市に位置する湘南キャンパスに在籍している。

　1946年の設立以来，文系的思考と理系的思考の融合，ヒューマニズムに立脚した思想，平和な社会の構築に資する力の育成を基本理念として掲げてきた同大学では，2001年より「東海大学型リベラルアーツ」として，「現代市民として身につけるべき教養」を身につけ専門性を「人々の幸福や平和のために有効活用できる」人を育てることを教育方針として打ち立て，社会づくりへの参画，貢献を明確に教育目標として位置づけた。さらにこれをより具体化するため，2005年に「集い力」「挑み力」「成し遂げ力」，2009年より「自ら考える力」を加えた4つの力を示し（表10.1），各学部学科の教育方針を示す「カリキュラム・ポリシー」や，各科目のシラバスのなかで，これらの力をどのように育むかを示している。

　また，2006年には，「4つの力」を理論と実践の双方を通じて養うための授業や学生プロジェクトを推進するチャレンジセンターを発足した。まず授業として，全学部全学年を対象とした選択科目として「集い力（入門）」「集い力（演習A・B）」というように「集い力」「挑み力」「成し遂げ力」それぞれをタイトルに据えた入門（各科目の履修者は100名程度）・演習科目（同20～50名程度）や，「プロジェクト入門A・B・C」「プロジェクト実践A・B・C・D」（同10～30名程度）といったより実践的な科目を設置し，これらを年間延べ5000名ほどの学生が履修している（表10.2）。各科目は，教育学や心理学から，語

表10.1　東海大学が育成をめざす4つの社会的実践力

自ら考える力…常に未来を見据え，自らが取り組むべき課題を探求する力
学習力：適切な方法を選択して情報を収集する
思考力：情報の真偽や本質的な問題を見極める
探究力：問題の原因や本質を知ろうとする

集い力…多様な人々の力を結集する力
コミュニケーション力：多様な価値観を理解し合う
関係構築力：友好な人間関係を築くことができる
アイデンティティの獲得：自分や周囲の役割を理解し，互いに連携・協力できる

社会が求める4つの力

挑み力…困難かつ大きな課題に勇気を持って挑戦する力
問題発見力：物事に対して挑戦的に取り組み，問題や課題を発見
構想力：問題の解決に向け具体的な方法を考案する
プランニング力：ゴールイメージを明確にして目標をたてる

成し遂げ力…失敗や挫折を乗り越えて目標を実現していく力
工程管理力：目標の実現に向けた効率的な行動計画やシナリオを描く
実行と継続力：目標の実現に向け行動を起こし，それを継続する
分析と修正力：状況の変化に応じて計画を改善して目標の実現に努める

出所：東海大学チャレンジセンター資料より作成

表10.2　東海大学が提供する社会的実践力育成科目

集いの力 （入門）（演習A）（演習B）	集団で物事に取り組むためのコミュニケーション力を学ぶ
挑みの力 （入門）（演習A）（演習B）	状況を理解して問題を発見・解決する能力を学ぶ
成し遂げ力 （入門）（演習A）（演習B）	目標を達成するためのマネジメント能力を学ぶ
プロジェクト入門 A・B・C	仲間とともに課題に取り組み実践力を身につける
プロジェクト実践 A・B・C・D	プロジェクトを実践するための知識・技術を身につける

学，工学まで，多様な背景をもつ教員が原則的に単独で担当し，それぞれの専門性と問題意識を活かした内容を用意するため，そのテーマや進め方はさまざ

まだが，学生の主体的な社会参画につながる実践力を理論と実践体験の双方から育むという方針は共通している。したがって社会への参画や貢献はどの科目でも意識されていて，そのなかでも半分程度がとくに地域社会への着目や地域連携・貢献への取り組みを何らかのかたちで組み込んでいる。たとえば，キャンパス周辺地域のまち探検をもとに持続可能な地域づくりへ向けた提案をつくる，学生が選んだ地域を対象に防災計画を考える，といった活動を組み込むケースがみられる。

　チャレンジセンターを通じた地域連携・貢献活動は，むしろ学生の自主プロジェクトである「チャレンジプロジェクト」「ユニークプロジェクト」のなかで，より具体的，活発的，実践的に取り組まれている。いずれも，学生自らが企画する，環境・動植物保護，ものづくり，社会貢献，地域活性，国際交流などをテーマとした1年間の活動について，大学が審査し，活動に応じた支援金，活動スペース，教職員（コーディネーター・アドバイザー）による支援を提供するものであり，重要な教育プログラムとして位置づけられている。チャレンジプロジェクトは学部・学科を横断する学生50名以上で実施することとなっており，現在8キャンパス合わせて約1500名の学生が活動している（表10.3）。また，ユニークプロジェクトはチャレンジプロジェクトの準備段階として10名以上集まれば応募可能で，現在約500名が活動している。湘南キャンパス周辺地域の住民向けにスポーツ教室等を開催する「スポーツ社会貢献プロジェクト」や，東日本大震災被災地で公民館を建設する「3.11生活復興支援プロジェクト」，阿蘇キャンパス周辺の農家を手伝う「阿蘇援農コミュニティープロジェクト」といった，社会貢献や地域活性を主な目的に掲げるものはもちろんのこと，たとえば，ものづくりを主テーマにソーラーカーや人力飛行機などの制作やレース出場に取り組む「ライトパワープロジェクト」が近隣小学校で出前授業を行うなど，それぞれのプロジェクトに地域活動が組み込まれている。

　さらに，こうしたこれまでの地域連携・貢献の取り組みをさらに進展させるため，同大学は，2013（平成25）年度，文部科学省が「大学が地域再生の核となる」ことを促進するために開始した「地（知）の拠点整備事業（大学COC事

表 10.3　東海大学 2016 年度実施チャレンジプロジェクト一覧

キャンパス	2016 年度「チャレンジプロジェクト」
湘　南	病院ボランティアプロジェクト スポーツ社会貢献プロジェクト サイエンスコミュニケーター 環境キャラバン隊 キャンパスストリートプロジェクト（C.A.P.） Tokai Formula Club ライトパワープロジェクト 東海大学学生ロケットプロジェクト（TSRP） Tokai International Communication Club（TICC） 3.11 生活復興支援プロジェクト DAN DAN DANCE & SPORTS プロジェクト
高　輪	Takanawa 共育プロジェクト
熊　本	先端技術コミュニティ ACOT メカトロマイスタープロジェクト 熊本地域プロデュース プロジェクト Action Marketing プロジェクト
阿　蘇	阿蘇援農コミュニティー プロジェクト 阿蘇は箱舟プロジェクト あにまるれすきゅープロジェクト
札　幌	福祉除雪プロジェクト
（特別）	熊本復興支援プロジェクト

業）」に応募，採択された。これにより，全国 8 キャンパスの周辺地域と連携し，教育と研究双方の活動を通じて，地域の課題解決に取り組む「To-Collabo プログラム」を実施してきた。全国共通の課題として，「地域の生活を充実させる」「多世代の交流を促進する」「地域の魅力を発信する」「自然環境を守る」を掲げ，それぞれについて各地域固有の状況をふまえつつ，学内の学部・研究科・研究所・センターなどによる研究と地域の課題をマッチングし，調査研究や地域活動を進めている。また，教育の側面からは，学生個々の関心や能力を尊重しながら地域社会に参画，貢献していくパブリックアチーブメント

写真 10.1　学生がノルディックウォーキング教室を開催し住民とともに地域を歩く（スポーツ社会貢献プロジェクト，東海大学チャレンジセンター提供）

写真 10.2　震災後の防災集団移転促進事業で分断された住宅地間に遊歩道を建設する（3.11生活復興支援プロジェクト，提供同左）

（PA）型教育を，2018（平成 30）年度より全学導入することが計画されている。

　PA とは，米国オーグスバーグ大学の Center for Democracy and Citizenship（民主主義・市民性センター）の Harry Boyte 博士が提唱し，1990 年から実践されてきた教育理念・方法である。「普通の」若者が社会活動へ参画し，よりよい世界と新たな「政治」のあり方をつくり出し，市民性や民主主義を学ぶプロセスを重視する。基本理念として，年齢や性別，収入や教育水準に関係なくすべての人が変化を担う主体となれること，市民性や民主主義はきれいごとではなく軋轢も生むがほかと力を合わせることで非凡な成果を生み出せること，民主主義は異なる背景や意見をもつ人々とともに問題を解決する実践のなかでこそ学びあうことができ，その営みこそが政治であることを強調する。パブリックワークと呼ばれる，地域での具体的な公共活動を，主体的に計画，実践する体験が学習の軸となる。

　東海大学では，この理念に基づく教育の全学必修化（1 年次）を計画し，その具体的方策として「地域理解」「国際理解」「シチズンシップ」「ボランティア」の 4 科目（各 1 単位）を新規に開講する。毎年 1 学年 7000 名の学生がこれら 4 科目を履修し，地域参画へ向けた基礎的理念を学ぶこととなるが，これらは 1 クラス 80 名程度の座学を中心とした授業となり，本来 PA の軸となる

地域活動の実践まで至ることができない。そこで，実際の地域活動を通じた学びを主眼とする科目を選択の発展科目として設置する予定である。

　こうした新たな動きは，大型総合大学が実践的研究・教育を通じて地域づくりにかかわるときの具体的なあり方を示す機会となる。とくに，地域社会に参画していくための力を育む教育プログラムを全学必修化するという改革に大学全体で取り組んでいる過程は，成功も失敗も含め，地域貢献の展開を模索する他大学にとってもおおいに参考になると思われる。とくにむずかしい課題は，各クラス80名，全体で7000名という規模の履修学生に対して，実践性や主体性をどこまで確保できるか，また授業担当教員を増やすなかで，PA型教育の理念や方法をどのように共有できるかということである。さらに，こうした取り組みが「持続可能な」地域づくりへ本当につながっていくのか，基盤となる価値観，思想をしっかり築き，共有していく必要がある。

10-5　これからの大学と地域—4つのキーワードからみる課題と展望

　さて，大学の地域貢献・連携，とくに持続可能な地域づくりにおける大学の役割についてみてきたが，最後に，これからの課題を本書の4つのキーワードに沿って整理しておこう。

　まず，本書が掲げる第一のキーワード「持続不可能な地域と学校」は，そのまま「持続不可能な地域と大学」と読み替えることができる。先に示したとおり，大学は課題の複雑化や少子高齢化といった急激な社会の変化に直面し，その存在意義を問われる状況にある。大学が持続可能な地域づくりに参画していくことは，その存在を社会から認められるためにも必要となっているのである。また，大学の地域連携を「持続可能な地域づくり」につなげるためには，持続可能性につながる価値観を関係者が共有する必要があることも，改めて確認しておきたい。そうした価値観は，大学の研究教育活動に反映されるだけでなく，組織のあり方そのものにも組み込まれなければならない。同じ持続可能性という言葉を使っていたとしても，その意味するところが「学習者と地域の文脈にもとづく持続可能性」なのか，「グローバル経済競争社会における持続的成長」

なのか，さまざまな解釈がありえるのが現状だ。真の意味での持続可能性はどのような価値観によるものなのか，対話と熟議による共有がなにより大切である。

　つぎに，「学びと教育の革新」について，上で論じてきたように，大学と地域の連携は，学生の社会的実践力を高める豊かな教育を促す可能性に満ちている。このとき大切なのが，学生の文脈に基づいた教育だ。学生が地域連携にもとづく教育に参加する際，その地域での学びを，それぞれの学生自身の関心や，彼らが暮らす地域の文脈に位置づけることが必要だ。体験する地域と自身の地域の「相違性・共通性・関連性」をとらえ，自分自身の文脈や自分が暮らす地域の文脈に位置づけることは，つまり，「現在学んでいること」を自分自身の「学び暮らし働く日常」につなげる，「学ぶこと」と「生きること」をつなげることにほかならない。PA型教育のように実社会と連動する現場での行動を重視するとき，そこには，「学ぶこと」が，他者とかかわり合い社会に働きかけながら「生きること」とつながり，学習と行動が相互に関係しながら発展していくプロセスが求められる。

　3つ目に，本書は，学校と地域の関係性を「学校支援地域」から「地域支援学校」へ再構築することを提起するが，大学と地域の連携においても，「地域づくりへ参画する大学」として大学と地域の間に対等な関係を築くことが，これからますます大切になっていく。関係が対等，公正でない場合，たとえば，大学や研究者が地域や住民を「研究対象」ととらえ，地域の状況や住民の想いを軽視して自身の研究成果を優先してしまう場合がある。地域や住民が必要だと考える研究が行われなかったり，せっかくの成果が大学や研究者に独占されて地域で活用できるものにはならなかったりする。教育活動を通じた地域連携においても，たとえば大学が，ある地域でスタディツアーを実施する際に，地域が大学をもてなし，学生に話をしたり資料を準備したりとさまざまな要求に対応する一方で，地域が得るものはさほどなく，疲弊してしまうことがある。大学が持続可能な地域づくりに貢献，参画するには，地域や住民と対等な立場に立ち，地域の文脈を十分にふまえ，住民やほかのステークホルダーとともに

地域のあり方を考え，その実現へ向けた大学の役割を見いだしていくことが求められる。

最後に，「ファシリテーター」について，大学においても，上記の課題をのりこえ，持続可能な大学と地域を実現していくためには，学びの支援者としてのファシリテーターの存在が不可欠だ。ここで論じてきたように，大学が地域とつながり，地域づくりに参画していくことがますます広がっていくなかで，そうした役割を理解しファシリテーターの役目を果たすことができる力を，教員や職員，学生，そして地域のなかにも，育てていかねばならない。学習者の主体的，協働的，能動的な学びとしての「アクティブ・ラーニング」を実現していく重要性は，大学でも非常に注目され，取り組みが進展しつつある。持続可能な地域づくりは，まさにその実現の場となっていくであろう。

読者のための参考文献

- 中央教育審議会「新たな未来を築くための大学教育の質的転換に向けて～生涯学び続け，主体的に考える力を育成する大学へ～（答申）」2014 年，http://www.mext.go.jp/b_menu/shingi/chukyo/chukyo0/toushin/1325047.htm
- 文部科学省「大学改革実行プラン～社会の変革のエンジンとなる大学づくり（平成 24 年 6 月）」2012 年，http://www.mext.go.jp/b_menu/houdou/24/06/__icsFiles/afieldfile/2012/06/05/1312798_01_3.pdf
- 文部科学省「平成 26 年度『地（知）の拠点整備事業』パンフレット」2014 年，http://www.mext.go.jp/a_menu/koutou/kaikaku/coc/1358201.htm
- 地域と学びをつなぎみらいを創る COC ポータルサイト　http://www.coc-all.jp/
- 東海大学チャレンジセンターウェブサイト http://www.u-tokai.ac.jp/effort/activity/challenge/

あとがき—ESD でひらく未来

　現代を教育史上の大きな転換点にあると考える編者らは，新しい時代の価値観に基づく教育のあり方の提起として，その新しい教育観を未来の教育の担い手である読者の皆さんに問うことを意図して「ESD でひらく未来」シリーズを編むことにした。念のため付言すれば，本シリーズが考える「教育の担い手」には，教師だけでなく，国内外の各地でその地域づくりの主役となる市民も含んでいる。

　本シリーズ刊行の重要な背景となっているのは，持続可能な開発のための教育（Education for Sustainable Development ; ESD）という教育思潮である。これは，〈持続可能性（= Sustainability）〉という概念を基軸としており，それはグローバル，グリーン，ネットワークという3つの視点から特徴づけることができる。ESD は，これまでとはまったくちがう考え方で世界の諸課題にアプローチする。20 世紀の学校が資源蕩尽型の社会に対応し，多国間の戦争に影響を受けたブラウン（茶色）の教育を行ってきたとしたら，21 世紀の学校は環境保全型の社会を創り世界の平和と人権を尊重するグリーン（緑色）の教育に転換していくべきであろう。現に，2012 年にリオデジャネイロ開催された国連持続可能な開発会議（リオ + 20）では，環境・経済・社会の均衡ある発展を図る「グリーン経済」という考え方が合意され，途上国と協力しつつ食料・水・エネルギー・海洋・気候変動・生物多様性の問題の解決を図る教育の重要性が確認された。踏み込んでいえば，20 世紀の地球的危機をつくってきた責任の一端をこれまでの教育が担ってきたとすれば，21 世紀はその負の遺産から脱出し，収奪されてきた環境（人・自然・社会）の持続可能性を最優先に考える教育を構築していかないかぎり，未来は展望できないのである。このことに加え，現代が生態学的持続可能性のみならず社会的包容性をも失いつつある

ことを考慮すれば，私たちはこの概念を発展させるための4つ目の視点としてケア（Care）という考え方にも注目する必要があると考えている。これは，病人・老人・子どもなどの社会的に弱い立場にある人間や，飼育された動植物，希少な野生生物などの非人間がかかえる悲しみや苦悩に共感しながら繊細な心でかかわっていくという新しい教育学の用語である。

　本シリーズで私たちがめざすのは，大人と子どもが協働して創りあげ，多様な人々や生物と交流することによって心が豊かになり，ケアの眼差しで世界を見つめ直す「人財」を育てていく教育といえる。そのとき，これまでの学校教育で自明視されてきた，ハードとしての学校・教室・校庭が大きく姿を変えるかもしれないし，ソフトとしての教育活動・教師の授業・地域の資源のとらえ方を根本的に変えなければならないかもしれない。本書は，従来のオーソドックスな教育論とずいぶん趣を異にしているが，あえて斬新な提案をすることで，未来の教育を担う皆さんに「教育を変えよう！」という強い意志と「よい教育を創りたい！」という希望をもってほしいと願っている。

編　者

関連資料

A. 中央教育審議会答申（2015a）「新しい時代の教育や地方創生の実現に向けた学校と地域の連携・協働の在り方と今後の推進方策について」（抄）

第1章　時代の変化に伴う学校と地域の在り方について

第1節　教育改革，地方創生等の動向から見る学校と地域の連携・協働の必要性

ポイント
- ◆地域社会のつながりや支え合いの希薄化等による地域社会の教育力の低下や，家庭教育の充実の必要性が指摘されている。また，子供たちの規範意識等に関する課題に加え，学校が抱える課題は複雑化・困難化している状況。
- ◆「社会に開かれた教育課程」の実現に向けた学習指導要領の改訂や，チームとしての学校の実現，教員の資質能力の向上等，昨今の学校教育を巡る改革の方向性や地方創生の動向において，学校と地域の連携・協働の重要性が指摘されている。
- ◆これからの厳しい時代を生き抜く力の育成，地域から信頼される学校づくり，社会的な教育基盤の構築等の観点から，学校と地域はパートナーとして相互に連携・協働していく必要があり，そのことを通じ，社会総掛かりでの教育の実現を図る必要。

第2節　これからの学校と地域の連携・協働の在り方

ポイント
- ◆これからの学校と地域の連携・協働の姿として，以下の姿を目指す。
  - ○地域住民等と目標やビジョンを共有し，地域と一体となって子供たちを育む「地域とともにある学校」への転換
  - ○地域の様々な機関や団体等がネットワーク化を図りながら，学校，家庭及び地域が相互に協力し，地域全体で学びを展開していく「子供も大人も学び合い育ち合う教育体制」の構築
  - ○学校を核とした協働の取組を通じて，地域の将来を担う人材を育成し，自立した地域社会の基盤の構築を図る「学校を核とした地域づくり」の推進
- ◆上記の姿を具現化していくためには，学校と地域の双方で連携・協働を推進するための組織的・継続的な仕組みの構築が必要。

第2章　これからのコミュニティ・スクールの在り方と総合的な推進方策について

第1節　コミュニティ・スクールの意義・理念等

ポイント
- ◆平成16年に学校運営協議会制度が導入されて以降，コミュニティ・スクールが広がり，地域住民や保護者等が力を合わせて学校の運営に取り組む動きが進展。
- ◆地域との連携による学校運営の改善が図られるほか，教職員の意識改革や学力・学習意欲の向上，生徒指導上の課題の解決等の成果認識がある一方，取組が保護者や地域に余り知られていない，管理職等の負担が大きいなどの課題もあり，制度面の改善や推進方策の検討に当たっては，課題認識も踏まえた検討を進める必要。

第2節　これからのコミュニティ・スクールの仕組みの在り方

ポイント
- ◆コミュニティ・スクールの仕組みとしての学校運営協議会制度の基本的方向性○学校運営協議会の目的として，学校を応援し，地域の実情を踏まえた特色ある学校づくりを進めていく役割を明確化する必要。
  - ○現行の学校運営協議会の機能は引き続き備えることとした上で，教職員の任用に関する意見に関しては，柔軟な運用を確保する仕組みを検討。
  - ○学校運営協議会において，地域住民や保護者等による学校支援に関する総合的な企画・立案を行い，学校とこれらの人々との連携・協力を促進していく仕組みとする必要。
  - ○校長のリーダーシップの発揮の観点から，学校運営協議会委員の任命において，校長の意見を反映する仕組みとする必要。
  - ○小中一貫教育など学校間の教育の円滑な接続に資するため，複数校について一つの学校運営協議会を設置できる仕組みとする必要。

⇓

- ◆制度的位置付けに関する検討
  - ○学校が抱える複雑化・困難化した課題を解決し，子供たちの生きる力を育むためには，地域住民や保護者等の参画を得た学校運営が求められており，コミュニティ・スクールの仕組みの導入により，地域との連携・協働体制が組織的・継続的に確立される。

○このため，全ての公立学校がコミュニティ・スクールを目指すべきであり，学校運営協議会の制度的位置付けの見直しも含めた方策が必要。その際，基本的には学校又は教育委員会の自発的な意志による設置が望ましいこと等を勘案しつつ，教育委員会が，積極的にコミュニティ・スクールの推進に努めていくよう制度的位置付けを検討。

第3節　コミュニティ・スクールの総合的な推進方策
ポイント
◆国として，コミュニティ・スクールの一層の推進を図るため，財政的支援を含めた条件整備や質の向上を図るための以下の方策を総合的に講じていく必要。
　○様々な類似の仕組みを取り込んだコミュニティ・スクールの裾野の拡大
　○学校の組織としての総合的なマネジメント力の強化
　○学校運営協議会の委員となる人材の確保と資質の向上
　○地域住民や保護者等の多様な主体の参画の促進
　○コミュニティ・スクールの導入に伴う体制面・財政面の支援等の充実○幅広い普及・啓発の推進
◆都道府県の教育委員会は，都道府県としてのビジョンと推進目標の明確化，知事部局との連携・協働，全県的な推進体制の構築，教職員等の研修機会・内容の充実，都道府県立学校におけるコミュニティ・スクールの推進等を図ることが求められる。
◆市町村の教育委員会は，市町村としてのビジョンと推進目標の明確化，首長部局との連携・協働，コミュニティ・スクール未指定の学校における導入等の推進等を図ることが求められる。

B．日本ユネスコ国内委員会
ESD（Education for Sustainable Development）

1．ESD（Education for Sustainable Development）とは

　ESDはEducation for Sustainable Developmentの略で「持続可能な開発のための教育」と訳されています（注1）。
　今，世界には環境，貧困，人権，平和，開発といった様々な問題があります。ESDとは，これらの現代社会の課題を自らの問題として捉え，身近なところから取り組む（think globally, act locally）ことにより，それらの課題の解決につながる新たな価値観や行動を生み出すこと，そしてそれによって持続可能な社会を創造していくことを目指す学習や活動です。
　つまり，ESDは持続可能な社会づくりの担い手を育む教育です。
　ESDの実施には，特に次の二つの観点が必要です。
○人格の発達や，自律心，判断力，責任感などの人間性を育むこと
○他人との関係性，社会との関係性，自然環境との関係性を認識し，「関わり」，「つながり」を尊重できる個人を育むこと

　そのため，環境，平和や人権等のESDの対象となる様々な課題への取組をベースにしつつ，環境，経済，社会，文化の各側面から学際的かつ総合的に取り組むことが重要です。

● **ESDの概念図**

関連する様々な分野を"持続可能な社会の構築"の観点からつなげ，総合的に取り組むことが必要です。
　（注1）従来，ESDの訳語については，「持続可能な発展のための教育」と訳し，略称として「持続発展教育」を用いてきましたが，2014年のユネスコ世界会議に向け，日本政府内の訳語を統一する必要があるため，今後ESDの訳語は，政府として作成する文書においては，「持続可能な開発のための教育」としました。

2．ESDで目指すこと
（1）ESDの目標
○全ての人が質の高い教育の恩恵を享受すること
○持続可能な開発のために求められる原則，価値観及び行動が，あらゆる教育や学びの場に取り込まれること
○環境，経済，社会の面において持続可能な将来が実現できるような価値観と行動の変革をもたらすこと
（2）育みたい力
○持続可能な開発に関する価値観

(人間の尊重，多様性の尊重，非排他性，機会均等，環境の尊重等)
○体系的な思考力（問題や現象の背景の理解，多面的かつ総合的なものの見方）
○代替案の思考力（批判力）
○データや情報の分析能力
○コミュニケーション能力
○リーダーシップの向上
（3）学び方・教え方
○「関心の喚起 → 理解の深化 → 参加する態度や問題解決能力の育成」を通じて「具体的な行動」を促すという一連の流れの中に位置付けること
○単に知識の伝達にとどまらず，体験，体感を重視して，探求や実践を重視する参加型アプローチをとること
○活動の場で学習者の自発的な行動を上手に引き出すこと
（4）我が国が優先的に取り組むべき課題
先進国が取り組むべき環境保全を中心とした課題を入り口として，環境，経済，社会の統合的な発展について取り組みつつ，開発途上国を含む世界規模の持続可能な開発につながる諸課題を視野に入れた取組を進めていく。
出所：「我が国における「国連持続可能な開発のための教育の10年」実施計画」より

3．ESDに関するグローバル・アクション・プログラム
2013年11月，第37回ユネスコ総会において，「国連ESDの10年」（2005～2014年）の後継プログラムとして「ESDに関するグローバル・アクション・プログラム（GAP）」が採択され，2014年第69回国連総会で承認された。
持続可能な開発は政治的な合意，金銭的誘因，又は技術的解決策だけでは達成できない。持続可能な開発のためには我々の思考と行動の変革が必要であり，教育はこの変革を実現する重要な役割を担っている。そのため，様々な行動によってESDの可能性を最大限に引き出し，万人に対する持続可能な開発の学習の機会を増やすことが必要である。「ESDに関するグローバル・アクション・プログラム」は，この行動を生み出すための枠組みを示すものである。

C．教育振興基本計画（抄）
(2013年6月14日閣議決定)

Ⅰ．四つの基本的方向性に基づく方策
　1．社会を生き抜く力の養成
　（1）主として初等中等教育段階の児童生徒等を対象にした取組

成果目標1（「生きる力」の確実な育成）
変化の激しい社会を生き抜くことができるよう，「生きる力」（※1）を一人一人に確実に身に付けさせることにより，社会的自立の基礎を培う。また，一人一人の適性，進路等に応じて，その能力を最大限伸ばし，国家及び社会の形成者として必要な資質を養う。
（※1）生きる力：いかに社会が変化しようと，自ら課題を見付け自ら学び自ら考え主体的に判断し，行動し，よりよく問題を解決する資質や能力など「確かな学力」，「豊かな心」，「健やかな体から成る力

（確かな学力（※2））世界トップの学力水準を目指す。
（※2）確かな学力：①基礎的・基本的な知識・技能の習得，②知識・技能を活用して課題を解決するために必要な思考力・判断力・表現力等，③学習意欲などの主体的に学習に取り組む態度

【成果指標】
①国際的な学力調査の平均得点を調査国中トップレベルにする。あわせて，習熟度レベルの上位層の増加，下位層の減少。全国学力・学習状況調査における過去の調査との同一問題の正答率の増加，無解答率の減少
②児童生徒の学習意欲の向上や学習習慣の改善
③幼・小・中・高等学校における障害のある幼児児童生徒に対する個別の指導計画及び個別の教育支援計画の作成率の増加

（豊かな心）豊かな情操や，他者，社会，自然・環境と関わり，自らを律しつつ共に生きる力，主体的に判断し，適切に行動する力などを持つ子どもを育てる。

【成果指標】
①自分自身や他者，社会等との関わりに関する意識の向上
・学校のきまりを守っている児童生徒の割合の増加
　・自分には良いところがあると思う児童生徒の割合の増加
　・人の気持ちが分かる人間になりたいと思う児童生徒の割合の増加
　・将来の夢や目標を持っている児童生徒の割合の増加
　・地域社会などでボランティア活動などに参加している児童生徒の割合の増加など
②いじめ，不登校，高校中退者の状況改善（いじめの

認知件数に占める，いじめの解消しているものの割合の増加，全児童生徒数に占める不登校児童生徒数の割合高校中退者の割合の減少など）（成果目標6に後掲）

（健やかな体）今後10年間で子どもの体力が，体力水準の高かった昭和60年頃の水準を上回ることを目指すなど，生涯にわたってたくましく生きるために必要な健康や体力を養う。

【成果指標】
①体力の向上傾向を確実にする（今後10年間で子どもの体力が昭和60年頃の水準を上回ることを目指す）。
②学校における健康教育・健康管理の推進
・健康の重要性を認識し，日常生活の実践に生かしている児童生徒の割合の増加
・学校保健委員会を設置する学校の割合の増加
・朝食を欠食する子どもの割合の減少
・学校給食における地場産物を使用する割合の増加

＜5年間における具体的方策＞
基本施策1　確かな学力を身に付けるための教育内容・方法の充実

【基本的考え方】
○子どもたちに基礎的・基本的な知識・技能と思考力・判断力・表現力等主体的に学習に取り組む態度などの確かな学力を身に付けさせるため，教育内容・方法の一層の充実を図る。その際，特に，自ら課題を発見し解決する力，他者と協働するためのコミュニケーション能力，物事を多様な観点から論理的に考察する力などの育成を重視する。
○このため，グループ学習やICTの活用等による協働型・双方向型の授業への革新，学校と家庭・地域との連携の推進を図りつつ，新学習指導要領を着実に実施する。また，高等学校段階においては，高校生としての基礎的・基本的な学力を確実に身に付けさせるため，生徒の学習の到達度を適切に把握する仕組みを導入するなど，高等学校教育の質保証に向けた取組を進めるとともに，各学校における地域の実情や生徒の実態を踏まえた育成すべき資質・能力に応じたきめ細かい施策を講じる。

【主な取組】
1-1　新学習指導要領の着実な実施とフォローアップ等（言語活動，理数教育，外国語教育，情報教育等の充実）
・新学習指導要領の趣旨が各学校現場で理解され，実現されるよう周知・広報を推進する。特に，思考力・判断力・表現力等の効果的な育成に向け，各教科等を通じた言語活動の充実のための取組を推進するとともに，児童生徒のコミュニケーション能力や情報活用能力の育成，観察・実験の重視をはじめとした理数教育や外国語教育の充実のため，指導体制・教材等の整備や効果的な指導方法に係る情報の収集・提供などの支援に取り組む。
　また，全国学力・学習状況調査や国際的な学力調査などの結果等により，新学習指導要領の実施状況や学校現場が抱える課題を把握し，必要な支援策を講じるとともに，学習指導要領の不断の見直しを行う。さらに，土曜日における授業や体験活動の実施など，各地域の実情を踏まえ，土曜日の活用を促す。あわせて，新学習指導要領の実施以後の学校現場での指導の実態や課題等も踏まえながら，教科書の内容・体様等について，教科書発行者に対してより一層の改善を促す。

1-2　ICTの活用等による新たな学びの推進
・確かな学力をより効果的に育成するため言語活動の充実やグループ学習ICTの積極的な活用をはじめとする指導方法・指導体制の工夫改善を通じた協働型・双方向型の授業革新を推進する。
・デジタル教科書・教材のモデルコンテンツの開発を進めつつ，各教科等の指導において情報端末やデジタルコンテンツ等を活用し，その効果を検証する実証研究を実施する。実証研究の成果を広く普及すること等により，地方公共団体等に学校のICT環境整備を促す。また，学校において多様な情報端末でデジタル教材を利用可能とするため，デジタル教材等の標準化を進める。さらに，できるだけ早期に全ての教員がICTを活用した指導ができることを目指し，教員のICT活用指導力向上のための必要な施策を講じる。

1-3　高等学校教育の改善・充実
・高等学校において，高校生としての基礎的・基本的な学力を確実に身に付けさせるため，生徒の学習の到達度を把握するための新たなテストの導入に向けた取組を進めるとともに，教科・科目の特性を踏まえつつ，技能検定の活用等を促進し，客観的な把握に基づく評

価の充実を図る。
・さらに、高等学校教育を通じて身に付けるべき資質・能力を多面的に評価する手法について調査研究を進める。

1－4　復興に向けた教育の推進
・東日本大震災の教訓を踏まえ、被災地の復興とともに、我が国全体が希望を持って未来に向け前進するための教育を「復興教育」と位置付け、被災地における多様な主体による特色ある教育支援の取組や教育プログラム作成を支援することにより、社会を生き抜く力の育成に向けた新たな教育のモデルを開発・普及する。
・東京電力福島第一原子力発電所の事故の教訓を踏まえ、児童生徒等の発達段階に応じて放射線に関する正しい理解を促進するために必要な取組を推進する。

1－5　社会的・職業的自立に向け必要な能力を育成するキャリア教育の推進（基本施策13－1に後掲）

基本施策2　豊かな心の育成

【基本的考え方】
○子どもたちの豊かな情操や規範意識、自他の生命の尊重、自尊感情、他者への思いやり、人間関係を築く力、社会性、公共の精神、主体的に判断し、適切に行動する力などを育むため、道徳教育や人権教育を推進するとともに体験活動や読書活動、生徒指導、青少年を取り巻く有害情報対策等の充実を図る。

【主な取組】
2－1　道徳教育の推進
・「道徳の時間」を要として学校の教育活動全体を通じた道徳教育の質の向上を図り、道徳的な心情、判断力、実践意欲と態度などの道徳性を養うため「心のノート」をさらに充実させ、全小・中学生に配布するとともに、道徳教育推進教師を中心とした指導体制の充実や教員の指導力の向上への取組、魅力的な教材の開発や活用など、児童生徒の発達段階や学校・地域の実情に即した多様な取組に対する支援を行う。こうした取組の成果も踏まえつつ、道徳をその特。性を踏まえた新たな枠組みにより教科化することについて具体的な検討を行う。

2－2　人権教育等の推進
・学校における人権教育の指導方法等に関する調査研究とその成果の普及、実践事例の収集・公開等により、教育委員会・学校における人権教育の取組の改善・充実を支援する。
　さらに、学校・家庭・地域の連携により、社会参画意識や公共の精神など主権者として社会で自立するための基礎的な能力や態度の育成に資する取組を推進する。

2－3　生徒指導体制及び教育相談体制の整備・充実
・小・中・高等学校の継続性を保ちつつ、関係機関等と連携を図りながら、全校体制で一人一人の児童生徒の健全な成長、自ら現在及び将来における自己実現を図っていく自己指導能力の伸長を目指した各学校における教育活動を促進する。
・教育相談を必要とする全ての小・中学生が適切な教育相談等を受けることができるよう、スクールカウンセラーやスクールソーシャルワーカー等の外部専門家の活用など教育相談体制の整備を支援するとともに、各学校や市町村等における不登校の子ども等の教育機会の確保や児童生徒の自殺防止に向けた取組を支援する。

2－4　いじめ、暴力行為等の問題への取組の徹底
・いじめは決して許されないことであるが、現実的には「どの子どもにも、どの学校でも起こり得る」ものであることを周知徹底し、定期的に児童生徒から直接状況を聞く機会を確実に設ける等、各学校及び教育委員会における、いじめの実態把握のための取組を促進するとともに、いじめの問題に関する認識を深め、人権感覚を涵養し、早期発見や適切に対応できる能力を向上するため、いじめの問題に関する教職員への研修等の充実を図る。
・いじめや暴力行為等を未然に防止するため、道徳教育・人権教育・体験活動等の推進、非行防止教室の開催などの取組を促進する。
・問題行動等を起こす児童生徒については出席停止や懲戒等の措置も含め毅然とした指導を促し、いじめられている児童生徒の立場に立った取組を促進するとともに、安心できる教育現場とするため、問題行動への対応等を行う警察官経験者等を学校へ派遣するなど、学校・教育委員会と警察を含む関係機関との連携・協力を促進する。さらに、社会全体で子どもを見守り育むため、学校・家庭・地域の連携により、いじめの問題など、学校や地域が抱える課題を共有し地域ぐるみで

取り組めるような体制の構築を推進する。また、いじめの防止対策に関する法制化を推進する。
・なお、体罰は学校教育法で禁止されており、いかなる場合も許されるものではない。体罰のない、児童生徒理解の内面に迫る生徒指導が行われるよう、全ての教職員に体罰禁止を徹底する。

2-5　学校における体験活動及び読書活動の充実
・生命や自然を大切にする心や他人を思いやる優しさ、社会性、規範意識などを育てるため、学校における自然体験活動や集団宿泊体験等の様々な体験活動の充実に、関係府省が連携して取り組む。また、豊かな情操等を育む読書に子どもたちが親しむよう、全校一斉の読書活動など子どもの読書活動を推進する。

2-6　伝統・文化等に関する教育の推進
・我が国や郷土の伝統・文化を受け止め、それを継承・発展させるための教育を推進する。また、小・中学校等と博物館や劇場、音楽堂等、文化芸術団体との連携・協力を図りつつ子どもたちが一流の文化芸術に触れる機会の提供を推進するとともに、子どもたちが地域の伝統文化に触れる機会を提供する取組への支援を行う。さらに、我が国固有の伝統的な文化である武道の振興を支援する。
・宗教に関する一般的な教養に関する教育を推進する。

2-7　青少年を有害情報から守るための取組の推進
・機能限定が可能な携帯電話やフィルタリングの年齢段階に応じた活用、必要がない場合には携帯電話等を所持しないことも含めたインターネットの利用に関する親子間のルール作り等について、スマートフォンをはじめとする新たな機器にも配意した普及啓発活動を、地域、民間団体、関係府省等との連携により実施する。また、情報化の進展に伴う様々な課題に対応した指導資料を作成するとともに、新学習指導要領に基づき情報モラルを身に付けるための学習活動を推進する。

2-8　新学習指導要領の着実な実施とフォローアップ等（基本施策1-1の再掲）

2-9　復興に向けた教育の推進（基本施策1-4の再掲）

基本施策3　健やかな体の育成

【基本的考え方】
○学校保健、学校給食、食育の充実により、現代的な健康課題等に対応し、子どもの心身の健康の保持増進を図る。さらに、子どもの安全・安心を確保するため、防災教育を含む学校の安全に関する教育を推進する。
○子どもの体力の向上傾向が維持され、確実なものとなるよう、学校や地域における子どものスポーツ機会の充実を図る。

【主な取組】
3-1　学校保健、学校給食、食育の充実
・学校保健に係る教職員の資質・能力の向上及び学校医・学校歯科医・学校薬剤師等の活用促進を図るとともに、体育・保健体育などの教科学習を中核として学校の教育活動全体を通じた体系的な保健教育を充実する。また、学校保健委員会の設置率の向上を目指し、学校、家庭及び地域の医療機関等との連携による保健管理等を推進する。
・栄養教諭を中核とした学校・家庭・地域の連携による食育の充実を図る。あわせて食に関する指導を充実させるため、学校給食において地場産物を活用する取組を促すとともに、米飯給食の一層の普及・定着を図る。

3-2　学校や地域における子どものスポーツ機会の充実
・スポーツ基本計画に基づき、体育・保健体育の授業や運動部活動等の学校の体育に関する活動や地域スポーツを通じて、子どもが十分に体を動かして、スポーツの楽しさや意義・価値を実感できる環境整備を図る。

3-3　新学習指導要領の着実な実施とフォローアップ等（基本施策1-1の再掲）

3-4　復興に向けた教育の推進（基本施策1-4の再掲）

3-5　学校における体験活動の充実（基本施策2-5の一部再掲）

3-6　主体的に行動する態度を育成する防災教育など学校安全に関する教育の充実（基本施策19-2に後掲）

索　引

あ行
ICT　4,51,146
アクティブ・ラーニング　8,43,90,139
阿部治　58
暗黙知　38
ESD　46,48,58,62,63,76,101,108,144
ESDカレンダー　79,95
ESDマルチプリケーター　46-48,51
生き物観察　63,107
生きる力　8,36,37,145
石川一喜　3
挑み力　132
居場所　2
インキュベーションセンター　131
午起地区　24
NPO　117,118,120,123
NPO職員　121
NPO法人
　——風・波デザイン　117
　——都留環境フォーラム　10,11
　——「虹の種」　11
　——「ねおす」　11
　——「ゆう・もあ・ねっと」　120
沖永良部島　60

か行
科学的思考　75
学外人材　47,55
学習指導要領　4,43,75,76,90,94
学力観　97
鹿毛雅治　78
鹿児島大学　64
かごしま茶　65,72
課題解決　43
課題解決型学習　108,109
語り部　25,27
鰹節プログラム　85
学校と地域の在り方　143
学校の農業（技術）　93
釜石支援プロジェクト　11
川島直　36
環境教育　32,62,63,105

観光　60
観光まちづくり　9,58,59,67,69,71
観察や実験　90
聞き書き　15,16
聞き取り　16
教育基本法　126
教育振興基本計画　145
教員は持続不可能　3
共感力　31
共通語　9,110
共同体　2
協働への技術　103
桑茶　68,72
経験的　38
ケラマジカ　80
公害教育　27
公害資料館　25,29,32,33
公害病認定患者　25
公民館　115,134
公民館活動　103
コーディネーター　18,79,84,87,105,112,115,117,
　119,122,123,134
ゴミ　104
コミュニティ・スクール　143

さ行
災害　4,9,128
災害支援　10
災害ボランティアチーム「VS（バーサス）」　12,17
栽培技術　92,98
栽培体験　89
サービス・ラーニング　131
三陸ひとつなぎ自然学校　14
CSR　104
COC　126,134
COC事業　30,31
塩浜小学校　28
塩浜地区　23
資質・能力　75,76
自然体験　8,36,37
持続可能な生徒企業　9,46,48,49,50,52
持続可能な地域と学校　1,2

持続不可能な地域と大学　137	地方創生　57,59
実験や観察　81	チーム学校　7
社会関係資本　41	中間支援　118
社会教育　7	中信地区環境教育ネットワーク　104
社会に開かれた教育課程　7,43	集い力　132
習得・活用・探究　8,43	treesm　41
生涯学習　126	ツール　40
生涯学習社会　6	都留文科大学　11
小学校理科　90	出前授業　62
少子高齢化　2,57	東海大学　132
消滅　2	遠野まごころねっと　14
助産師　7	図書館　115
紫波町　114	トリプルボトムライン　50
人口減少　2,57	
人材育成　119	な行
信州型コミュニティスクール　103	内省取材　120
水稲　94,97	内発の動機づけ　79
スキル　40	成し遂げ力　132
健やかな体　145,147	西村仁志　40
石油化学コンビナート　22	日本エコツーリズムセンター　39,42
センス・オブ・ワンダー　84	農業検定　97
総合的な学習の時間　63,75,107,115	農業体験　9,89,102
	野田之一　25
た行	
大学改革実行プラン　127,129	は行
大気汚染　29	博物館　25,29
体験　89,102	パブリックアチーブメント（PA）型教育　135,138
体験的　5	阪神淡路大震災　37,41
高木晴光　40	BLK"21"　49,52
高崎商科大学　68-70	東日本大震災　37
確かの学力　145	PISA　47,49
単元　107,109	被災地　134
地域おこし協力隊　64,96	PTA　116
地域学校協働本部　7	避難訓練　17
地域教育計画　5	広島修道大学　18
地域教育推進員　117	広瀬敏通　20,39,42
地域講師　9,107	ファシリテーター（学びの支援者）　1,9,81,87,89,
地域子ども教室　114,115,121	96,117,125,139
地域再生　4	深い学び　43,90
地域支援学校　1,5,138	不登校　2
地域資源　59	負の遺産　31,33
地域志向科目　30,31	負の歴史　31
地域循環経済　51	place（場）　2
逐語録　16	プロセスデザイン　120
知の循環　33	報告書の作成　16

防災　17
ボランティア　18,27,29,33,42,114,122,131
ボランティアバス　10,12,15
ホールアース自然学校　41
ほん太ネット　115

ま行
マインド　40
マッチング　104
学びに火をつける　79
学びの動機づけ　78
水俣病　26
水俣病資料館　27
宮城教育大学　94
宮本憲一　25
村を捨てる学力　6
村を育てる学力　5
もやい直し　26
問題解決　91

や行
八名川小学校　79
山口久臣　39
豊かな心　145,146
ユネスコスクール　76
四日市公害　22
四日市ぜんそく　23
四日市大学　30

ら行
リスクマネージメント　21
李妍焱（リヤンヤン）　40
留学生　32
RQ市民災害救援センター　12,17,20,42
6次産業　68

わ行
ワークショップ　98,101

［編 著］

降旗 信一（ふりはた しんいち）
1962 年生まれ。東京農工大学農学部教授。東京農工大学大学院博士後期課程修了。博士（学術）。社団法人日本ネイチャーゲーム協会理事長，鹿児島大学産学官連携推進機構特任准教授，東京農工大学農学部准教授を経て現職
主な著書・論文：『持続可能な未来のための教職論』（編著：学文社，2016 年），『ESD（持続可能な開発のための教育）と自然体験学習—サステイナブル社会の教職教育に向けて—』（単著：風間書房，2014 年），『現代自然体験学習の成立と発展』（単著：風間書房，2012 年），『現代環境教育入門』（共編著：筑波書房，2009 年），『自然体験学習論—豊かな自然体験学習と子どもの未来』（共編著：高文堂出版社，2006 年），「公害教育における自然体験学習—水俣公害教育史における自然体験学習の成立期を探る—」（単著：『環境教育』第 25 巻 2 号，2015 年）など

「ESD でひらく未来」シリーズ
持続可能な地域と学校のための学習社会文化論

2017 年 3 月 15 日　第 1 版第 1 刷発行

編著　降旗信一

発行者　田中千津子　〒153-0064　東京都目黒区下目黒 3-6-1
　　　　　　　　　　電話　03（3715）1501（代）
発行所　株式会社学文社　FAX　03（3715）2012
　　　　　　　　　　http://www.gakubunsha.com

© Shinichi FURIHATA 2017　　印刷　亜細亜印刷
乱丁・落丁の場合は本社でお取替えします。
定価は売上カード，カバーに表示。

ISBN 978-4-7620-2697-3